C=O
NH2
CH3-COOH
CH3-CH2-CH2-CH3
NO2
Al(OH)3 → Al2O3 + 3H2O
HN
N
CN
CN
CH3C=O
NH2

C=O
NH2
CH3-CH2-CH2-CH3
CH3-COOH
NO2
2Al(OH)3 → Al2O3 + 3H2O
R1
HN
N
O
CN
CN
R2
CH3C=O
NH2
H
C
H
C
H
C
C
H

초능력과 미스테리 심령과학

대한과학진흥회 엮음

스완미디어
SWAN MEDIA

책 머리에

오늘날 우리들은 고도로 발달된 과학 문명의 혜택 속에 살고 있습니다.

우리의 선진 조국 창조를 위해 무엇보다 중요한 것이 과학기술의 개발입니다. 특히 자원이 부족한 우리나라에서 가꾸어야 할 유일한 자원은 과학 기술로 무장한 풍부한 인력 자원입니다.

대한 과학 진흥회에서는 배우는 학생들을 위해 사물을 깊이 관찰하는 습관과 합리적이고 창의적인 과학적 사고를 심어 주기 위한 방법의 하나로 과학 문고를 엮어 내고 있습니다.

과학 문고를 펴냄에 있어서 딱딱한 과학지식을 그림을 곁들여 쉽고 재미있게 이야기로 풀어 써서 학생들이 스스로 원리를 발견하고 재미를 느끼게 함으로써 과학의 여러 분야에 대하여 흥미를 갖고 접근할 수 있도록 하였습니다.

이 책과 더불어 많은 학생들이 과학에 깊은 관심을 갖고 탐구심과 창의력을 기르며 과학을 생활화 할 줄 아는 사람이 되는데 많은 도움이 되었으면 하고 바라는 마음 간절합니다.

기획편찬 **대한과학진흥회**

차례

초능력도 과학인가?

고도로 발달한 현대의 과학으로서도 '도저히 알 수 없는 일'로 일단 접어두는 부문이 있습니다. 바로 심령과학 또는 초심리학 부문의 초능력 현상입니다.

이 현상은 인간의 평상적 능력을 뛰어넘는 힘이란 뜻으로 초감각적 지각(Extra Sensory Perception)이란 말의 머리 글자를 모아 ESP라고도 합니다.

그것은 자연 과학의 법칙을 뛰어넘는 현상으로 보입니다.

초능력은 대개 여섯 가지 정도로 나뉩니다. 정신감응, 독심력, 투시력, 예지력, 염력, 심령능력 등입니다.

염력은 물체를 의지만으로 움직이거나 구부러뜨리는 힘이고, 투시력은 눈으로 보지 않고도 여러 가지 것들을 직접 아는 능력이고, 예지력은 미래에 일어날 사건을 미리 아는 능력입니다. 또한 정신 감응은 말, 표정, 몸짓 등의 감각적 수단을 쓰지 않고 어느 한 사람의 생각이나 인상 등을 직접 전달받는 일을 말합니다.

심령 현상이란 이미 알려진 자연 법칙으로는 설명할 수 없는 신비 현상으로, 죽은 자의 영혼과의 교통, 외계 영혼과의 통신, 유체 이탈 현상들을 통틀어 이르는 말입니다.

이러한 일들이 신비 현상이라고는 하지만 어쩌면 그 말은 과학적인 설명을 찾을 수 없어서 그렇게 생각하는지도 모릅니다.

우리의 의식 세계는 어떤 사실을 깨닫거나 이해할 때 대개 자신들의 감각을 통해 받아들입니다.

그 감각을 통해서 들어오는 것만이 진실이며 세계의 모습이라고 생각합니다.

그러나 망원경이나 현미경, X선 등 각종 고성능 기계가 출현함으로써 우리의 육체가 가지고 있는 감각의 범위란 형편없이 좁다는 사실이 증명되었습니다. 초능력 현상도 우리가 아직 이해하지 못하는 부문이기 때문에 신비 현상으로 느껴지는 지도 모릅니다.

초심리학을 연구하는 사람들에 의하면 이 세계에는 수많은 의식 차원의 세계가 있다고 합니다. 그래서 염력이나 텔레파시, 유체 이탈 현상, 투시 능력 등등의 불가사의한 현상들은 그것들을 지배하는 공통된 기본 원리만 알면 모두 해명될 수 있다고 주장합니다. 이런 현상들은 '변경된

의식 상태' 인데 이러한 의식 상태 속에서는 정상적인 상태에서 경험하기 어려운 차원을 경험할 수 있다는 것입니다.

우리는 대개 우리의 정신을 구성하고 있는 감정적이고, 정신적이며 직관적인 요소들은 과학으로, 실제의 일로 취급하지 않는 경향이 있습니다.

그러나 가장 첨단의 과학에는 '인공 지능 컴퓨터', '인공 지능 로봇', '인공 지능 세탁기' 등 '인공 지능(AI)' 을 붙여 주는 것을 볼 때 무한한 능력을 갖고 있는 인간의 지능 세계에 대한 탐구는 더욱 연구되어야만 할 것입니다.

사람들은 미처 이해가 안 된다거나 신비주의적인 상황이 닥치게 되면 미신이나 마술 등으로 접어두려고 합니다.

그러나 에디슨이 처음 축음기를 발명하였을 때도 사람들은 기계가 사람의 목소리를 내다니 그런 것은 마술이 아니겠느냐고 말했습니다. 전기를 처음 발명했을 때도 일부 사람들은 그렇게 말했습니다.

인간의 내부에 감추어진 초능력도 마찬가지입니다. 그 힘이 어떻게 생기는지, 왜 그런 현상이 일어나는지는 아직 확실하게 밝혀지지 않았지만 그러한 현상은 실제로 일어나고 있으며 과학적으로 아직 해명되지 않은 가운데서도 러시아나 미국에서는 그 현상을 국가적인 차원에서 연구하고 있는 것입니다.

지금 초능력의 연구는 미국과 러시아, 중국을 비롯하여 여러 나라가 과학적으로 다투어 연구하고 있고 그 힘의 과학적 활용을 추진하고 있습니다.

초능력은 금속을 자르거나 새 필름에 영상을 새겨 넣는 염력, 서로의 생각을 일치시키는 정신 감응(텔레파시), 다른 곳에서 발생한 일이나 앞으로 생길 일을 알아내는 예지 능력, 자신의 의지와는 다른 얘기를 하거나 듣는 영언, 영청 현상, 체내에서 나오는 물질(대부분 하얀 거품 형태의 물질)로 특정한 형태의 현상을 만드는 엑토플라즘, 자기의 의사와 관계없이 글을 쓰는 자동서기 현상, 물건을 이동시키는 염동 현상 등 매우 다양합니다.

이 같은 현상들은 주위에 여러 사람, 특히 과학자들이 입회한 가운데서 실험됨으로써 마술이나 눈속임과는 전혀 다른 것으로 알려지고 있습니다.

이러한 초능력 현상을 갖고 있는 사람들(대부분은 어떤 기회에 우연히 이런 능력을 갖게 되며, 동양에서는 영에 빙의되는 현상, 다시 말하면 귀신에 씌여서 됐다고 함)을 자신의 초능력이 우주만물 사이에 충만해 있는 에너지를 빌려서 쓰는 데에 불과하다고 말하고 있습니다.

이들의 주장과 현대 과학 이론을 함께 적용해 보면 물질이란 결국은 에너지가 하나의 형태를 이룬 것이며 이 물질에 특수한 차력에 의한 힘을 작용시키면 비물질화가 이루

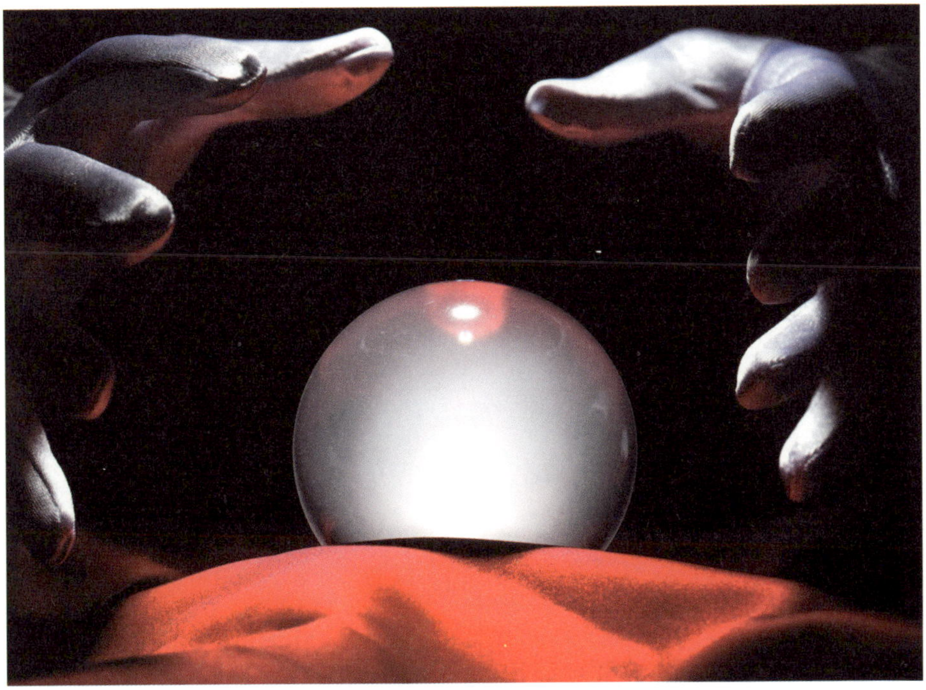

어지면서 구부러지거나 끊어진다는 논리입니다.

에너지와 물질과의 관계는 서로 왔다갔다한다는 것은 '아인슈타인'의 E=mc2에 의해 이미 널리 설명되어 원자탄이라든가 원자력 발전이 가능해졌으므로 물질이 에너지로 바뀌는 것은 어떻든 이해가 될 수 있습니다. 그러나 에너지가 다시 물질로 바뀌는 것이 진실이냐 아니냐 등의 문제는 앞으로 과학이 풀어나가야 할 과제입니다.

초능력의 종류

심리학이 생기기 이전에는 인간의 의식 세계와 마음과는 같은 것이라 생각되었습니다. 의식의 세계가 아닌 마음의 세계는 생각할 수 조차 없었습니다.

그러나 꿈이라든가 최면 또는 이중 인격이 점차 문제시됨에 따라 마음은 의식 세계뿐 아니라 무의식 세계를 포함하는 것이 아닌가 하고 생각하기에 이르렀습니다.

인간의 마음은 큰 바다에 떠 있는 빙산과 같다고 심리학자들은 말합니다. 수면에 모습을 나타내고 있는 인간의 의식 부분은 아주 작은 일분이며 대부분 물 속에 잠겨있는 무의식에 속한다는 것입니다. 그런 무의식에의 도전이 바로 초심리학 연구이며, 인간의 능력을 개발하려는 초능력 운동이랄 수 있습니다.

초능력은 인간마다 차이가 있기는 하지만 우리 모두 그 능력을 가지고 있습니다. 다만 어떤 원인에 의해 능력이 더 많은 사람이 있기도 하고, 능력이 개발되지 않아서 그

냥 평범한 채로 살아가는 사람의 차이가 있을 뿐입니다.

우리 가운데서도 어떤 사람은 체육에 그 능력이 뛰어나고 다른 사람은 언어나 수학 능력이 뛰어나듯이 말이지요.

초능력은 일반적으로 시간과 공간을 초월합니다. 초능력이 현재라는 시간에 작용할 경우 텔레파시나 투시로 나타

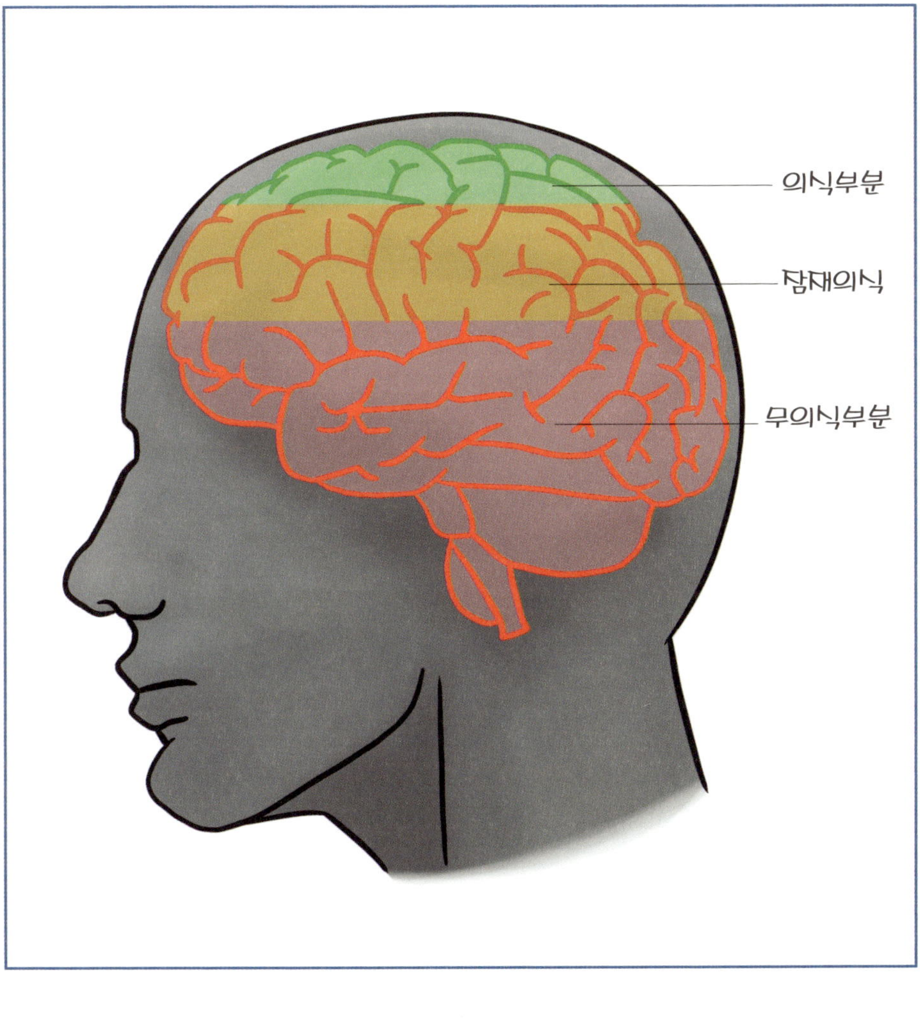

나지만 시간의 벽을 뚫을 경우에는 예지의 능력으로 나타납니다.

초능력에는 보통 인간으로는 도저히 상상도 되지 않는 굉장한 것들이 많이 있습니다. 이제 초능력의 종류별로 그 사례를 살펴보겠습니다.

텔레파시 (정신 감응)

텔레파시는 정신 현상의 일종으로 시간과 공간을 초월해서 먼 거리에 있는 사람에게 서로의 생각이나 물질의 모습을 전달하는 것을 말합니다. 우리말로 한다면 '이심전심'이라고 할 수 있습니다. 텔레파시는 우리 주변에서도 종종 나타나는데 주로 가깝게 지내는 친구 사이나 부모형제 사이에서 많이 일어납니다. 가까운 예를 들어봅시다.

오랫동안 친하게 지낸 친구가 있었습니다. 그런데 일에 쫓기고 바빠서 전화할 틈이 없었는데 모처럼 그 친구 생각이 나서 전화를 해야겠다고 생각하는데 마침 전화벨이 울렸습니다. 전화를 받아보니 방금 전화하려고 했던 그 친구입니다. 너무 반가워서 나도 지금 막 전화하려 던 중이었다고 친구에게 말하면 그 친구도 역시 갑자기 전화하고 싶어져서 전화했다고 합니다.

이런 경우도 서로를 생각하는 마음이 강해져서 서로 통

할 수 있는 텔레파시의 한 경우입니다.

쌍둥이의 경우 특히 일란성 쌍둥이는 텔레파시가 더 강하게 작용합니다.

의학 관계의 자료에 의하면 172회의 출산에 한번의 비율로 쌍둥이가 태어나며 그 가운데 두 쌍이 일란성 쌍둥이라고 합니다. 이렇게 완전히 동시에 수정되고 자란다는 조건 때문인지 일란성 쌍둥이는 텔레파시에 대한 감응도가 높고 그 회수도 많다고 합니다.

특히 일란성 쌍둥이 중 하나에게 사고가 있거나 몸에 이상이 있을 때 이러한 정신 감응은 현저하게 나타납니다.

다음은 그 예의 하나입니다.

어느 일란성 쌍둥이의 동생이 비행기를 탔습니다. 그런데 비행기는 카나리아 제도의 한 공항에서 충돌사고를 일으켰습니다. 그 때 쌍둥이 중 언니는 로스앤젤레스에 있었습니다. 그러나 동생이 사고를 당해 사망한 바로 그 시간에 안전하게 있던 언니 역시 온몸이 뜨거운 열에 휩싸였으며 심한 고통을 느꼈고, 마치 암흑의 골짜기로 떨어지는 기분이었다고 합니다. 그리고 그녀 또한 정신 이상이 되고 말았습니다.

형제나 친구와의 텔레파시는 주위에서도 흔하게 일어나는 것입니다. 그것은 서로 생각하고 걱정해 주는 마음이 강하기 때문입니다.

그러나 소련의 칼 니콜라이에프는 친구나 형제 부모가 아닌 사람에게도 그러한 텔레파시를 보내는 능력의 사람이 있습니다.

그는 어렸을 때는 단지 평범한 소년에 불과했지만 15세의 나이에 텔레파시 능력자이며 최면술사인 오르란드의 연기를 보게 된 이후로 변화되었습니다.

그는 평소에 심리학과 초능력에 관계된 책을 닥치는 대로 구하여 읽어나갔습니다. 그런 중 전쟁이 끝나자 니콜라이에프는 모스크바로 돌아왔는데 유명한 초능력자인 울프 매싱그의 공연을 볼 수 있었습니다. 이 공연을 계기로 그는 자신도 할 수 있다는 자신감을 굳힐 수 있었습니다. 그 때부터 니콜라이예프는 주위 사람들을 대상으로 텔레파시 훈련을 했습니다. 그러나 텔레파시는 쉽게 성공할 수 없었습니다.

처음 칼 니콜라이예프가 친구에게 텔레파시를 보내는 훈련을 할 때의 일입니다.

"칼 대체 왜 그러는 거야? 말도 없이 날 뚫어지게 바라보고 있으니 말야. 뭐 못마땅한 거라도 있니?"

친구가 의아한 표정으로 물었습니다.

"너에게 텔레파시를 보내고 있었어. 일어서서 창문을 열라고 신호를 보냈는데……."

"그랬어? 하지만 난 창문을 열고 싶은 생각이 전혀 안 들었는 걸."

함께 있던 친구들이 와르르 웃음을 터뜨렸습니다.

"너희들이 나에게 시키고 싶은 일을 마음속에 생각해 봐."

니콜라이예프는 이번에는 친구들에게 텔레파시를 보낼 것을 부탁했습니다. 잠시 후 생각에 잠겨 있던 니콜라이예프가 의자에서 일어나 몇 발짝 걷다가 다시 자리에 앉았습니다. 그랬더니 텔레파시를 보내기로 했던 친구가 웃음을 터뜨리며 말했습니다.

"틀렸어, 내가 생각했던 건 담배에 불을 붙여라야. 그리고 그것을 다시 끄라는 것이야."

이런 식으로 니콜라이예프의 텔레파시 실험은 한동안 실

패만을 거듭하여 많은 사람들의 웃음을 샀습니다. 그래도 니콜라이예프는 꾸준히 그 연습을 계속했습니다. 그런 어느 날 니콜라이예프가 자리에서 일어서더니 벽에 걸려있던 그림을 가져왔습니다.

"가리아, 여기 있어."

“어머 칼 ! 내가 생각했던 대로야.”

마침내 오랜 노력 끝에 니콜라이예프가 텔레파시 능력을 갖기 시작한 것이었습니다. 장난스럽게 생각하던 친구들은 더 이상 그를 놀리지 않았습니다. 오히려 그 텔레파시를 어디에 이용할 수 있을까를 생각해 내고는 이렇게 말했습니다.

“칼, 시험 칠 때 텔레파시로 서로 답을 알려주면 어때?”

“그래 칼, 우리 모두 좋은 성적을 올릴 수 있을 거야.”

친구들은 신이 나서 떠들어댔습니다. 그러나 니콜라이예프가 고작 시험 답안을 아는데 쓰려고 텔레파시를 연습했던 것은 아니었습니다. 텔레파시는 뭔가 중요한 일에 쓰여야 한다는 게 그의 생각이었습니다.

1950년대 초, 니콜라이예프는 모스크바에서 언론인으로 활동하고 있었습니다. 이 때만 해도 소련 사회에서는 초능력을 드러내거나 글로 쓰는 일이 금지되어 있었습니다. 초능력이 공산주의 사상과 어긋난다고 여겼기 때문입니다.

니콜라이예프의 텔레파시 능력은 그런 이유로 가까운 사람들에게만 알려져 있었습니다. 그런데 점차 소련에서도 초능력에 대한 연구가 활발하게 진행되자, 니콜라이예프는 텔레파시를 증명해 보이는 일에 앞장서게 되었습니다. 그러던 중 ‘문예광보’라는 잡지에 과학자 기타고로드스키 박사가 텔레파시는 결코 존재할 수 없다는 글을 발표했습니다.

이것을 본 니콜라이예프는 곧바로 '지식과 힘' 이라는 잡지를 통해 그에 대한 도전장을 냈습니다. "나는 기타고로드스키 씨에게 실험을 통하여 도전한다. 나는 그가 원할 때에는 언제든지 그를 만날 것이다. 나의 텔레파시를 직접 느끼게 하고 진상을 밝히게 될 것이다."

니콜라이예프의 도전장을 본 박사는 그 도전을 받아들였고 마침내 그 날짜를 정했습니다. 그 자리에는 잡지 관계자들과 학자들이 참관인이 되었습니다.

니콜라이예프는 최선을 다하여 그의 능력을 보여주었습니다. 그리고 기타고로드스키 박사가 혼자서 생각하는 것을 필기까지 해서 보여주었습니다. 의심할 나위 없는 니콜라이예프의 승리였습니다.

기타고로드스키 박사는 즉시 '우리는 텔레파시를 과학적으로 연구해야만 한다' 는 글을 발표하고 초능력의 세계를 인정했습니다.

그 이후로 소련에서 가장 권위 있는 초능력 연구단체 포포프 그룹은 칼 니콜라이예프를 맞아들여 텔레파시에 대한 연구를 활발하게 시작했습니다.

텔레파시가 사람들의 눈에는 보이지 않지만 그것이 뇌에 도착하는 순간은 잡을 수 있지 않을까 하는 것이 이 그룹의 지도자인 고강 박사의 생각이었습니다. 이 실험을 위해서 고강 박사는 뇌파탐지 장치와 그것을 그래프로 기록하는 장치를 고안해 냈습니다.

1937년 3월, 니콜라이예프는 그 실험을 위해 레닌그라드로 가는 기차에 몸을 실었습니다.

레닌그라드에서 니콜라이예프는 완전 방음이 된 밀실로 안내되었습니다. 그리고 머리에 뇌파탐지기의 전선을 연결한채 텔레파시 실험에 들어갔습니다.

기계들이 가벼운 소리를 내며 작동하고 있었고, 컴퓨터는 대기상태였습니다.

한편 모스크바의 밀실에서는 카멘스키가 텔레파시를 보내기 시작했습니다. 그러자 이보다 3초 늦게 멀리 떨어진 레닌그라드에서 니콜라이예프의 뇌파가 격렬한 변화를 일으켰습니다. 텔레파시가 뇌에 도착하는 순간이었습니다. 그리고 니콜라이예프가 이러한 텔레파시를 의식한 것은 이보다 몇 초 뒤였습니다.

모스크바에 있는 카멘스키는 담뱃갑에 마음을 집중시켰습니다. 그러자 레닌그라드의 니콜라이 예프는 '무엇인지…담뱃갑 같다. 안은 비어 있고 표면은 차갑지 않다. 종이로 만들어졌다.' 라고 메모했습니다.

니콜라이가 담뱃갑의 이미지를 받기 전에 그의 뇌활동은 시각 영역에 집중되었습니다. 또한 카멘스키가 휘파람 소리를 텔레파시로 보냈을 때는 뇌 활동이 청각 영역에 집중되었습니다.

뇌의 활동은 직접 눈으로 보고 귀로 들을 때와 똑같이 텔레파시를 느낀 것입니다. 이 실험을 통해서 과학자들은 텔레파시가 정신적인 현상만이 아니며, 물질적인 현상이기도 하다는 것을 밝혀냈습니다.

텔레파시를 실험한 예는 미국에도 있습니다.

세계 최초의 원자력 잠수함 노틸러스호와 공군의학 연구소의 생물학 실험실 사이에서 실시된 이 텔레파시 실험은 초상현상(상식으로는 인정할 수 없는 초월적 현상)을 연구하는 사람들에게 있어서는 너무나도 유명합니다.

노틸러스호는 대서양의 바다 밑 깊은 곳을 잠수하고 있었습니다. 잠수함 안에는 텔레파시를 받을 사람이 있었고, 미국의 메릴랜드주에 있는 실험실에서는 텔레파시 능력자 한 사람이 텔레파시를 보내기 위해 대기하고 있었습니다.

메릴렌드주와 대서양의 노틸러스호와의 거리는 대략 2,000킬로미터가 넘었습니다.

그 거리에서 과연 텔레파시 교신이 가능한가라는 문제에 도전하기 위해 실험이 실시된 것입니다.

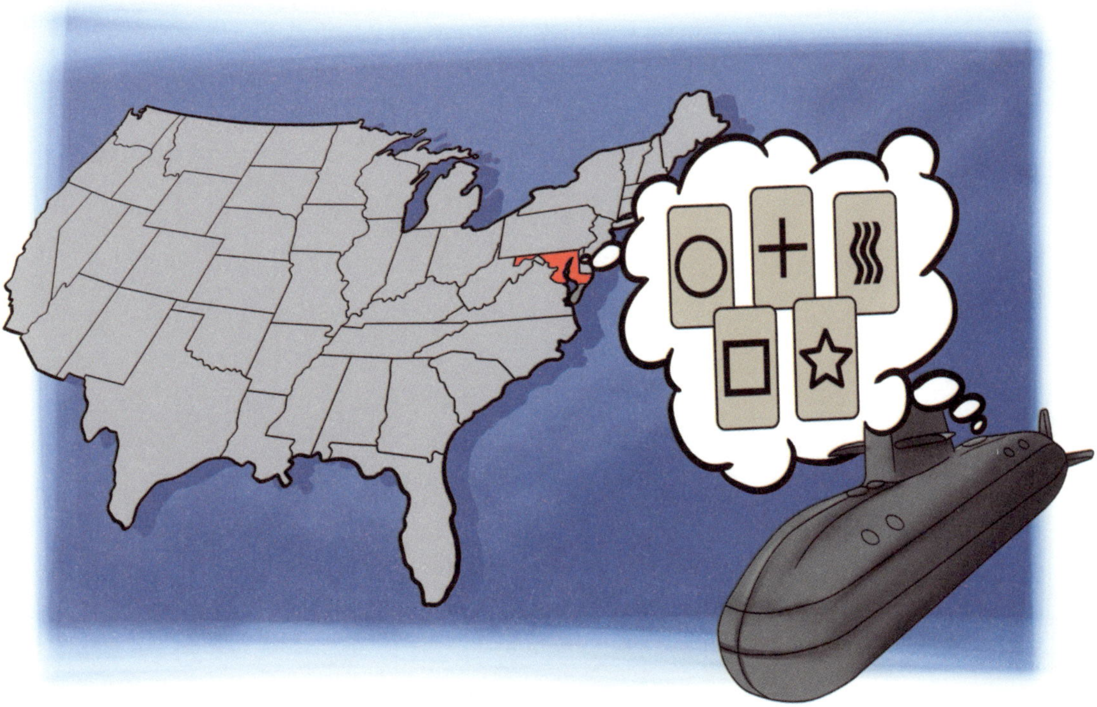

메릴랜드주의 생물학 실험실에서는 날마다 일정한 시간에 실험자가 ESP(초감각적 지각) 카드를 꺼내어 대서양의 잠수함으로 송신을 보냈습니다.

ESP카드란 듀크대학의 초심리학 교수인 라인 박사에 의해 사용되어 유명해진 5장의 카드(원, 십자, 별, 파도, 정사각형의 모양이 있는 카드)입니다. 보통 텔레파시 실험에서는 트럼프가 사용되지만, 트럼프의 경우 사람에 따라 숫자나 그림에 있어 특별히 좋아하거나 싫어하는 경향이 있을 수 있어 그런 결점을 보완한 것이 바로 ESP카드입니다.

이 실험은 ESP카드 가운데서 하나를 골라내어 미국 본토로부터 송신을 하면 노틸러스호의 피실험자가 그것을 수신한 다음, 어느 ESP카드가 송신되었는가를 기록하는 것이었습니다. 그 방법을 여러 차례 반복한 다음 노틸러스호가 귀항한 뒤 서로의 기록을 대조했습니다. 그 결과 적중률은 70퍼 센트였습니다. 이 실험에 의해 텔레파시의 존재가 재확인됨과 동시에 텔레파시는 공간을 초월하여 전달된다는 사실도 알게 되었습니다.

이렇듯 연구와 논문을 통해 텔레파시의 존재가 확인되기는 했지만 그 원인은 아직 밝혀지지 않았습니다.

텔레파시 현상에 대해서는 여러 가지 이론이 있지만 여기서는 몇 가지만 들겠습니다.

첫째, 전파설이라는 주장이 있습니다. 이것은 인간의 몸에서 전파가 나와 먼 곳까지 이른다는 주장으로 소련의 카진스키가 그 선두주자입니다. 그가 무선 전파라고 주장하는 근거는 다음과 같습니다.

전파를 차단하는 철망으로 만들어진 '팔라데이 상자' 에 먼저 사람이 들어가고 나서 동물과 사람사이의 텔레파시 실험을 하였습니다. 이윽고 철망 상자의 문을 닫아 보았더니 텔레파시는 통하지 않는 것이었습니다. 그는 이 실험을 통해 인간의 신경이 코일과 바리콘 같은 형태로 만들어져 있어 이것이 발신기나 수신기 역할을 한다고 주장했습니다. 그러나 얼마 후 '팔라데이 상자' 보다 훨씬 완벽한 전파 차단체인 노틸러스호의 장거리 텔레파시 성공으로 그 이론은 무시되었습니다.

둘째, 뇌파가 허공을 날아서 전해진다는 뇌파설이 있습니다.

그러나 뇌파는 매우 약한 전압입니다. 뇌파는 뇌의 활동에 따라 생기는 전기적인 파동으로서 마이크로 볼트에 속합니다. 그리고 주파수도 매우 작습니다.

셋째, 3차원적 파동이라는 이론도 있습니다. 이것은 뇌파와 전파뿐 아니라 3차원적 파동이 함께 공간으로 전달된다는 생각입니다. 그러나 텔레파시는 공간을 비롯해 4차원이라는 시간까지도 초월해서 전달됩니다. 따라서 아직도 텔레파시의 원인은 정확하게 밝혀지지 않고 있습니다.

그러나 앞으로 이 원인이 밝혀지고 더 발전되어 멀리 떨어져 있는 사람에게 전화나 무전기 같은 기계의 도움 없이 언제 어느 곳에서든 원하는 메시지를 서로 주고받을 수 있다면 얼마나 좋을까요?

그래서 라디오를 듣듯이 누구나 텔레파시를 보내고 받는 일도 상상할 수 있습니다.

칼 니콜라이예프에게 영향을 미쳤던 울프 메싱그는 다음과 같은 말을 남겼습니다.

"과학은 앞으로 텔레파시를 가려진 신비스러운 세계로부터 밝혀내 그 정체를 보여주어야 한다. 그것은 단지 이야기가 아닌 실제로 작용하는 현상이기 때문이다. 라디오가 발명되기 전에는 라디오의 소리를 운반하는 전파에 대해 아무도 몰랐다. 텔레파시도 그와 마찬가지로 우리에게 장차 놀랄만한 것을 가져다 줄 것이다."

예지 능력

4차원인 시간을 넘어서서 미래를 미리 아는 능력을 예지 능력이라고 합니다.

우리는 대개 태양이 내일도 떠오를 것이라고 예지하며, 내일도 변함없이 서울역에서 기차가 출발할 것이라고 예지합니다.

그러나 우리의 미래에는 예지할 수 없는 것이 매우 많으

며 또한 아직 존재하지 않는 미래를 예지할 수 있는 사람이 있다면 바로 초능력자인 예지 능력자입니다.

예지 능력에 대한 예는 수도 없이 많지만 그 중에서 타이타닉호의 조난 예지도 널리 알려진 것들 중의 하나입니다.

1912년 3월 23일, 오콘나라는 사람은 뉴욕행 타이타닉호의 배표를 예약했습니다. 타이타닉호는 당시 세계 최고의 영국 여객선이었으며 이번이 첫 항해였습니다.

그런데 오콘나는 배가 출발하기 10일전쯤 이상한 꿈을 꾸었습니다. 그것은 그 배가 뒤집혀 여객과 선원들이 그 주위를 헤엄치고 있는 꿈이었습니다. 이튿날도 역시 같은 꿈을 꾸었지만 오콘나는 어제와 마찬가지로 그 꿈 이야기를 입 밖에 내지 않았습니다. 다만 미국으로부터 자신의 업무에 관한 전보가 오기를 기다렸습니다. 마침 전보를 받고 보니 굳이 미국으로 갈 필요가 없을 것 같아 그는 표를 물렸습니다. 그리고 배가 출발하기 일주일 전쯤에 사람들에게 처음으로 그 꿈 이야기를 했습니다. 사람들은 무심히 그 이야기를 흘려들었습니다.

마침내 타이타닉호는 4월 10일에 예정대로 출항을 했습니다.

타이타닉호는 4월 15일 새벽 2시 22분, 전속력으로 대서양을 항해하던 중 빙산과 충돌하여 한순간에 1,513명의 목숨이 바닷속에 잠겨버렸습니다. 그렇다고 그것이 예지의 꿈이라면 왜 다른 1,000여 명에 이르는 사람들은 그런 꿈을 꾸지 않았을까요?

그러나 두 번이나 같을 꿈을 꾼 것을 우연의 일치라고 설명하기에는 부족합니다. 그런 꿈을 꾼 것은 오콘나의 특별한 능력 때문이라고 생각할 수밖에 없습니다.

또 하나의 예가 있습니다.

1963년 12월 27일, 미국으로부터의 텔레비전 위성중계 화면은 전세계에 놀라운 뉴스를 전했습니다.

그 뉴스는 미국의 대통령 존 F. 케네디의 암살사건에 관한 내용이었습니다. 그런데 이 암살을 11년 전에 이미 예지해서 3개월 전에 케네디의 측근에 경고한 사람이 있었습니다.

바로 진 딕슨이라는 예지가였는데 그녀는 대정치가들의 미래에 대한 예지 능력으로 전세계적으로 알려진 사람입니다. 다만 그녀는 그것을 직업으로 삼지는 않았습니다.

남편과 함께 부동산업을 하며 지내던 그녀는 사건이 일어나기 3개월 전에 평소 친한 사이인 케이하리에게 찾아가 이렇게 반복하여 말했습니다.

“대통령이 남부로 여행을 할 모양인데, 그것은 목숨에 관계되는 일입니다. 즉시 중지하도록 친분이 있는 당신이 그 사실을 전해 주십시오.”

그러나 케네디 대통령은 남부로 떠났고 마침내 달라스로 갔습니다.

사건 당일, 워싱턴의 메이플라워 호텔 레스토랑에서 고객과 점심 식사를 하기 위해 식탁에 앉아 있던 딕슨 부인은 전혀 음식에는 손을 대지 않았습니다. 그러다가 갑자기 이렇게 외쳤습니다.

“지금 누군가가 대통령을 쏘려 하고 있습니다. 저런 대통령께서 돌아가셨습니다.”

그리고 잠시 후 케네디 대통령의 저격 소식이 전해졌습니다. 그 때 라디오에서는 사망했다고 발표하지 않고 「수혈 중」이라 방송했습니다. 그러나 딕슨 부인은 그것을 부정했으며 ‘대통령은 사살되었다’고 단언했습니다. 그리고 그녀의 말은 사실로 입증되었습니다.

딕슨 부인이 예언을 할 때에는 대개 불현듯 눈앞에 어떤 환상이 펼쳐져 미래의 일들을 알게 된다고 합니다. 하지만 특정한 일에 대한 예언을 부탁 받게 되면 수정구슬을 들여다본다고 합니다. 그러면 그 속에 미래의 풍경이 펼쳐진다는 것입니다.

수정구슬은 딕슨 부인이 어린 시절에 집시 여인한테서 얻은 것이었습니다. 딕슨 부인은 여덟 살 때 가족들을 따라 집시 여자 점쟁이를 찾아간 적이 있었습니다. 점쟁이는 어린 진 딕슨을 보더니 깜짝 놀라는 표정을 했습니다. 그리고는 테이블 위에 놓인 수정구슬을 진에게 주며 이렇게 말했습니다.

“아가씨는 아주 놀라운 능력을 타고나셨어요. 이것은 아가씨가 가져가십시오. 앞으로 많은 사람들을 돕게 될 것입니다.”

그 때부터 진은 수정구슬 속에 비친 미래를 예언하기 시작했습니다.

앞날을 내다보는 사람들은 대개 좋은 소식보다는 불길한

소식을 예언하는 게 특징인 듯합니다.

딕슨 부인도 예외는 아니어서 1948년 간디, 1965년 윈스턴 처칠의 죽음을 각각 예언했습니다. 그리고 1958년 미국 흑인 운동가 루터 킹 목사의 사망과 케네디 대통령의 동생 로버트 케네디의 암살도 예언했습니다. 그러나 예언은 그 사건들을 되돌이켜 막지는 못했습니다.

에드가 케이시는 진 딕슨 부인과 더불어 20세기의 대 예언자로 일컬어집니다.

그는 '잠자는 예언자' 라는 별명대로 잠자는 중에 예언과 투시를 했습니다. 케이시는 초등 학교를 마친 뒤 농장, 양화점, 책방의 점원 등으로 일했습니다. 그러나 음성상실증에 걸려 있어서 점원노릇을 계속할 수가 없었습니다.

의사에게 가 보았지만 소용이 없었으므로 케이시의 어머니는 '레인' 이라는 무면허 의사에게 아들의 치료를 부탁했습니다. 그 의사는 어긋난 뼈를 제자리에 갖다 붙여 주는 접골술과 최면술에 능한 사람이었습니다.

의사는 일단 최면술로 케이시를 잠들게 하여 병명을 알아보려 했습니다. 케이시는 최면상태에서 자신의 병에 대해 정확한 진단을 내렸습니다. 그 일을 계기로 케이시는 자기의 몸 뿐 아니라 병으로 고통 당하는 많은 사람들을 도울 수 있었습니다. 케이시는 환자가 어디 있든지 간에 그의 건강 상태와 아울러 주위 환경까지도 생생하게 투시했습니다. 언젠가는 그가 투시 도중에 진단을 그만둔 적이 있었습니다.

"그는 가버리고 없소."

그렇게만 말할 뿐이었습니다. 알고 보니 바로 그 순간에 환자가 죽었던 것이었습니다. 케이시는 하루 두 번, 오전 10시와 오후 2시에 잠을 자면서 환자들을 진단했습니다.

그의 아내는 케이시를 보호하기 위해서 환자를 대신해 질문을 했습니다. 케이시는 환자들을 한번도 만난 적이 없었지만 기막힐 정도로 정확하게 진단을 했고, 치료법을 알려주어 환자를 낫게 했습니다.

케이시는 병의 치료 뿐 아니라 사람의 전생을 읽었으며 사람의 영혼은 사라지지 않고 거듭 태어난다는 것을 주장했습니다. 그가 한 예언은 자그만치 1만4천 건이 넘는다고 합니다.

그 가운데에서 가장 유명한 투시는 잃어버린 대륙 아틀란티스에 관한 것입니다.

"호세디아(아틀란티스 대륙의 일부)가 다시 바다위로 솟아오를 것이오. 1968년부터 1969년 사이에 플로리다 반도 비미니섬 부근이오. 하지만 그것은 시작에 불과하오."

그의 예언에 따르면 아틀란티스가 솟아오르는 것은 지각의 대변동에 의해서라는 것입니다. 화산의 폭발과 지진이 일어나며, 대서양과 태평양 바닥에 가라앉은 옛날의 육지가 서서히 올라오고 지금의 육지는 반대로 가라앉게 된다고 했습니다. 그렇게 되면 미국의 서부와 뉴욕주, 유럽의 북부, 북극과 남극 지역이 무서운 재해를 입을 것이라는 것입니다.

지구의 종말을 예언한 대 예지가로는 노스트라다무스가 있습니다. 노스트라다무스는 세계적인 예언자로 미래의 치료법을 미리 알아내어 당시 페스트를 몰아내는 데 큰 공헌을 했습니다.

노스트라다무스는 1503년에 프랑스의 생 레미 마을에서 태어났습니다. 그의 할아버지는 의사, 점성사, 철학가로 유명했습니다.

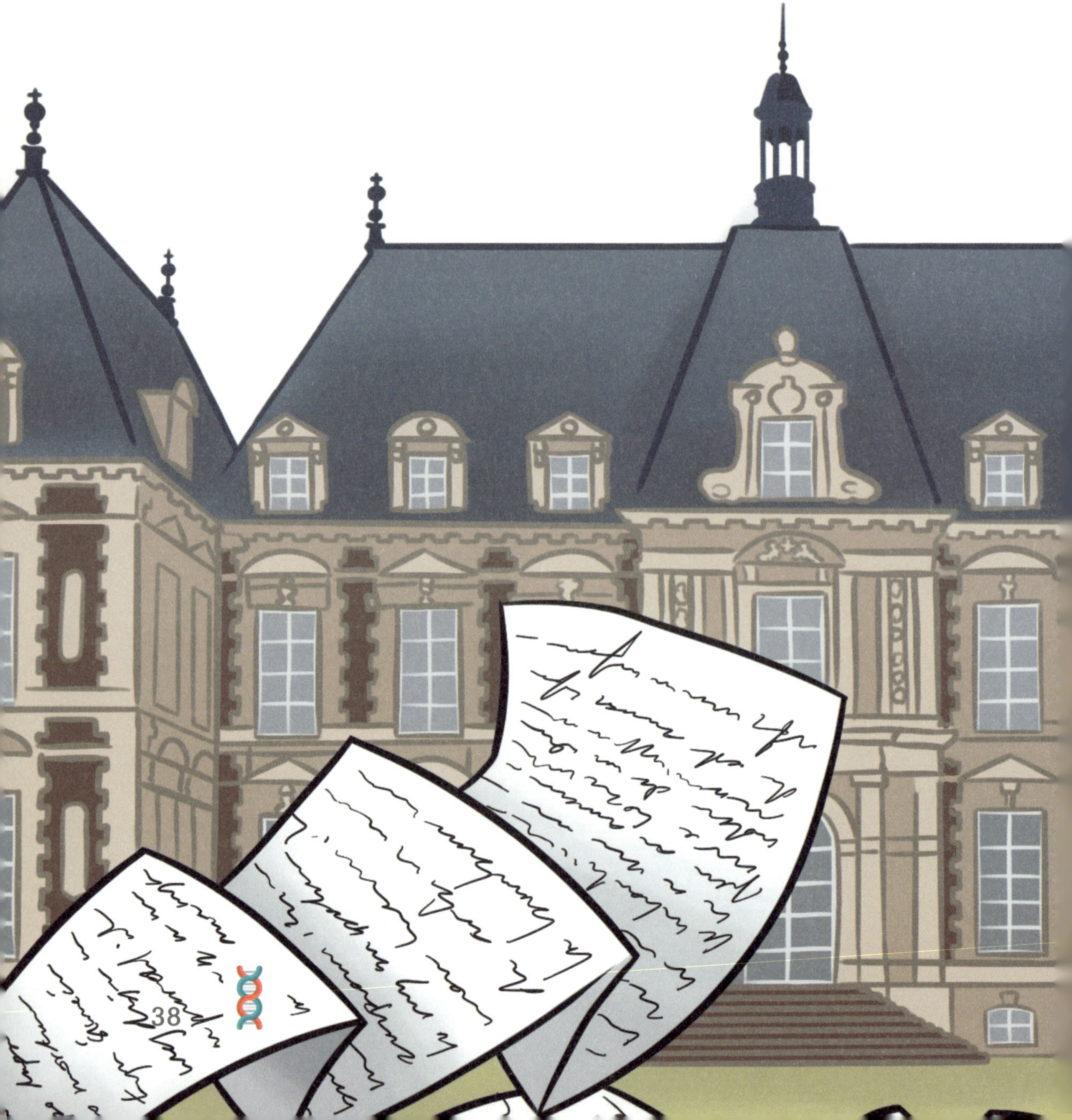

노스트라다무스는 할아버지한테서 점성술과 연금술을 배웠다고 하는데 앞일을 미리 알아내곤 해서 주위 사람들을 놀라게 했다고 전해집니다.

지금으로부터 450년 전 포도주로 유명한 프랑스의 남부 살롱이라는 마을에 페스트가 발생했습니다. 그 때는 의학 수준이 아주 낮았던 때라 페스트는 걸리기만 하면 모두 죽게 되는 무서운 병이었습니다. 마을에서는 사람들이 잇따라 죽어갔고, 이웃 마을 사람들은 허겁지겁 그 곳을 떠났습니다. 이 때 떠돌이 의사 한 사람이 마을에 들어와 사람들에게 페스트에 대한 처방을 내렸습니다.

"내 말을 들어보시오. 페스트로 죽은 시체와 집을 모두 불태우고 마을의 쥐를 모두 잡아서 태워 버리시오. 그리고 집을 독한 포도주로 닦아내고 길?교회?하수구 등을 청소하시오. 이렇게 하면 더 이상의 피해는 막을 수 있을 것입니다. 이것은 앞으로 삼백 년 뒤의 사람들이 페스트를 막는 방법입니다."

죽을 날만을 기다리던 마을 사람들은 그의 말에 따랐고 페스트는 마을에서 사라졌습니다.

페스트에서 살롱 마을을 구해준 뒤 노스트라다무스는 마을 사람들의 요청으로 그 마을에 잠시 머물렀습니다. 점차 그가 예언자라는 소문이 퍼지자 프랑스 국왕 앙리 2세는 노스트라다무스를 궁전으로 불러들였습니다. 그가 궁전에 들어간 것은 1551년, 그의 나이 48세 때의 일이었습니다.

노스트라다무스는 궁전에서 5년 동안 지내면서 여러 가지 예언을 했는데, 왕의 죽음까지도 예언했습니다. 5년 후 왕의 궁전에서 나온 뒤 노스트라다무스는 다시 의사로 일하면서 틈틈이 책을 쓰기 시작하였습니다. 이 책은 4년 뒤에 완성되었는데, 그때의 원시적인 목판 인쇄 기술로 2백 부 정도 인쇄했습니다. 책의 제목은 '모든 세기'로 전체 12권으로 나누어졌고, 각 권에 백 편씩 모두 천이백 편의 4행시가 실렸습니다. 책에 쓰여 있는 내용은 모두가 미래에 일어날 일을 예언한 예언시였습니다. 이 책속에서 노스트라다무스는 연대와 날짜를 일부러 뒤섞어 놓았고, 고대 프랑스어나 라틴어 그리고 그 밖의 외국어를 모두 써서 내용을 이해하기 어렵게 만들었습니다.

노스트라다무스는 그의 예언서를 파리와 살롱의 친지들에게 나누어주었습니다. 앙리 2세도 그 책을 기증 받았습니다. 그러나 앙리 2세는 그의 죽음에 대한 예언은 잘 몰랐던 것 같습니다.

그 예언시는 이런 내용이었습니다.

"젊은 사자가 늙은이를 쓰러뜨리리라 일 대 일 시합 승부의 마당에서 황금 투구 안의 눈을 그가 찌르리니 두 개의 상처는 하나가 되고, 광기의 죽음이 그에게 찾아들리라."

책이 출간 된 이듬해 앙리 2세는 궁전 밖 넓은 뜰에서 귀족과 창 시합을 벌였습니다. 왕과 창 시합을 겨루기로 한 사람은 친위대장인 몽고메리 백작이었습니다. 건장한 몸집에 무술 실력이 뛰어나서 '사자' 라는 별명이 붙은 용사였습니다.

두 사람은 말에 올라 창을 들었습니다. 시범경기이므로 사람이 다치지 않도록 창끝에 나무와 가죽으로 덮개를 씌운 창이었습니다.

두 사람이 시합을 시작할 때는 분명히 덮개를 씌워서 했는데 백작이 왕의 투구를 찌르려 할 때쯤에는 어쩐 일인지

창끝의 덮개가 벗겨져 있었습니다.

그리고 황금투구 사이로 창끝이 뚫고 들어가 왕의 눈을 찌르고 말았습니다.

의사들이 달려왔지만 이미 뇌를 다친 뒤라 손을 쓸 수 없었습니다. 왕은 미쳐서 궁전을 맹수처럼 뒹굴다 마침내 숨을 거두었습니다. 앙리 2세의 죽음은 그의 예언서에 적힌 것 중에서 가장 먼저 실현되었습니다. 예언서에는 그 뒤를 이은 인류의 역사적인 사건, 인물, 문명이 멸망의 날에 이르기까지 모두 예언되어 있다고 합니다.

제2차 세계 대전을 예언한 시를 살펴보면 아래와 같습니다.

강대한 마몬 사제의 일당에 의해 도나우 강 양쪽은 모두 정복된다. 그들은 갈고리 모양으로 구부러진 십자가를 들고 무수한 폐허와 부서진 껍질 속에서 노예와 황금과 보석을 구하리라.

이 시에서 마몬 사제의 일당이란 중세에 마귀를 섬기던 자들로 검은 옷을 입고 있었습니다. 검은 옷은 히틀러 친위대를 연상시킵니다. 갈고리 모양으로 구부러진 십자가는 나치의 상징이었습니다. 그리고 도나우 강 양쪽을 정복한 군대는 근세 이후 나치밖에 없었습니다. 따라서 나치가 노예와 재물을 얻기 위해 전쟁을 일으킬 것을 예언한 것입니다.

노스트라다무스는 이 전쟁에서 '공중에서 소리나는 무기들'과 '날아가는 불의 기계들'이 전쟁에 쓰일 것이라고 예언했습니다. 그것은 아마도 항공기와 폭격기, 그리고 로켓을 가리킨 것으로 보입니다. 그는 전투기 조종사라고 생각되는 존재를 '공중에서 싸움이 벌어지면 그는 반은 돼지 같고 반은 사람 같다.'고 했는데 아마도 산소 마스크와 헬멧, 방풍 안경 등을 쓴 모습을 그렇게 묘사한 듯 싶습니다.

노스트라다무스의 예언 가운데 가장 관심을 끄는 것은 미래에 대한 예언입니다. 그는 또한 인류의 위기를 예언하여 후세 사람들에게 경고하고 있습니다.

1566년 7월 2일, 노스트라다무스는 '모든 세기'에 자신의 죽음이 예언되어 있던 대로 죽음을 맞았습니다.

보통 사람으로서는 한 치 앞, 한 시간 뒤의 일을 모르지만 어떤 사람들은 미래를 보고 느낍니다. 보통 사람은 알 수 없는 이 능력, 미래를 보는 현상이 도대체 무엇인지 예지능력에 대한 실험을 검토하고자 한 사람이 있었습니다.

런던 대학의 수학자인 소울은 카드를 알아맞히는 실험을 하고 있을 때 사람들이 그 다음에 나올 것을 미리 알아맞히는 경향이 있음을 발견했습니다.

오스티는 같은 미래의 사항이더라도 시간적으로 가까운 미래일수록 분명하고 상세해진다고 말했습니다.

그렇다면 현재에 가까운 미래는 예지와 어떤 관계가 있는 걸까요?

예지는 텔레파시나 염력보다 훨씬 어려운 초능력입니다.

많은 사람들은 자기가 알고 있는 범위 내에서의 일은 이

해하고 받아들이지만 모르는 부분에서는 받아들이기를 꺼리고 무시해 버립니다. 그러나 이해할 수 없다고 무작정 무시하는 것보다 그런 일이 일어날 수 있는 원인을 분석하고 연구하는 태도야말로 초능력보다 더 중요한 인류의 능력이라고 할 수 있겠습니다.

앞에서 이야기한 경우는 모두 앞날을 미리 아는 예지가 전부였습니다.

이와는 반대로 과거나 전생을 아는 경우도 있습니다. 이것은 '후지' 라고 합니다.

우리 나라의 경우 철학관을 경영하는 점쟁이들이나 무당들은 미래에 대한 예지보다는 지나간 과거에 대해 더 잘 알아맞히고 있습니다.

과거에 대한 후지는 서양보다는 인도 쪽에서 더 많이 알려져 있습니다. 이것은 아마도 부처가 태어난 본 고장이므로 윤회에 의한 전생에 관심이 많았던 관계로 그처럼 많이 알려져 있는 듯 싶습니다.

최면 상태에서 환자의 병명을 밝히고 처방까지 해주었던 에드가 케이시는 예지뿐만 아니라 후지에 있어서도 보통 알려진 초능력자보다 더 많이 과거와 전생을 알아맞혔다고 합니다.

그는 하루는 어떤 사나이의 전생에 대해 '의자 담그기' 였다는 이상한 말을 했습니다. 그러나 '의자 담그기' 라는 직업을 알고 있는 사람은 아무도 없었습니다.

그래서 '의자 담그기' 가 무엇인가를 여러 가지로 조사해 본 바, 마녀의 존재를 믿고 그들을 죽였던 시대에는 마녀의 낙인이 찍힌 여자를 의자에 붙잡아 매어 의자째 못 속에 담가 버리는 직업이 있었다는 것이 밝혀졌습니다.

이보다 더 상세하게 전생을 읽은 경우도 있었습니다. 어느 사나이의 경우는 남북전쟁 당시 남군 병사였다는 말을 들었습니다. 케이시는 그 병사의 이름과 그가 살았던 장소까지 정확하게 말했습니다.

'도대체 내가 남군 병사였다는 것이 사실일까?'

병명을 들으러 왔다가 전생을 알게 된 그 남자는 의문을 풀기 위해 그에 대한 조사를 해 보았습니다. 그리고 곧 조사에 착수했는데 주립 도서관의 옛 기록 속에서 그 이름을 가진 남군 병사가 실지로 존재했었다는 것과 1862년에 리 장군 아래의 기수였다는 것, 그리고 케이시가 말한 장소에서 살았다는 사실을 알아냈습니다.

어떤 사람은 자기 자신의 전생을 기억하기도 합니다. 그런 이야기는 거짓말이라고 무시해 버리는 경우가 허다하지만 그것이 멋대로 지어 낸 이야기가 아니라는 것을 입증하는 실례도 있습니다. 산치 데비라는 인도 소녀의 예가 그것을 증명해 줍니다.

산치는 겨우 네 살이었을 때 자신이 전생에 인도의 무트라라는 거리에서 사는 케다르 나트 쇼비라는 사람의 아내였다고 말했습니다.

그 이야기는 11살이 되기까지 자주 입에 올렸는데, 그녀는 두 번째 아이를 낳고 12년 전에 죽었다는 것이었습니다. 산치가 이 세상에 태어나기 1년 전에 죽은 것입니다. 산치의 이야기가 널리 퍼짐에 따라 마침내 변호사, 출판인, 교사 등이 흥미를 가지게 되었고, 그녀의 전생의 남편이 아직 살아있음을 확인하여 그 증거를 찾으러 나섰습니다.

산치 데비는 자신의 전생에 대해 여러 가지 사실과 장소를 정확하게 설명할 수 있었습니다. 무트라라는 도시에 한 번도 가 본 적이 없으면서도 그 집의 구조와 남편에 대해서 아주 정확한 설명을 하였습니다. 산치의 설명을 들은 남편은 마치 12년 전에 죽은 사람이 다시 살아 온 것 같다며 눈물을 흘릴 정도였습니다.

산치는 자기가 무트라의 집 지하실 한구석에 약간의 돈을 감추어 두었다고 주장했습니다. 그러나 그 장소를 파보자 빈 상자만 있을 뿐이었습니다. 그녀는 실망의 눈빛을 보였지만, 자기가 거기에 돈을 숨겼다고 완강히 주장했습니다. 그러자 남편은 아내가 죽은 뒤 그 상자에서 돈을 꺼내 썼음을 인정했습니다.

미국의 반스틴이라는 실업가는 최면 실험 중에 '연령 퇴행'을 한 적이 있습니다.

연령 퇴행이란 최면 상태에서 '당신은 이제 세 살이 되었다'고 암시를 주면 세 살로 돌아가 그 당시의 일을 말하고, 차츰 두 살, 한 살로 연령을 낮추면 자신의 전생의 모습을 이야기하는 것을 말합니다.

이 연령 실험에 의해 그 여성은 자신이 19세기 아일랜드의 부르클린이라는 거리에서 살았던 브라이디 머피였다고 말했습니다.

그녀의 이야기는 당시 크게 화제가 되었으며 '브라이디 머피의 전생'은 대대적인 확인 작업에 들어갔습니다.

'뉴욕 타임즈', '라이프', '리더스다이제스트' 등의 기자들은 온갖 노력을 기울여 현지 조사를 한끝에 그녀의 이야기는 정확하다는 것이 확인되었습니다.

한 테이프에 녹음된 브라이디의 말을 들어보면 브라이언(그녀의 남편)은 어느 식료품 점에서 식료품을 샀는데 그 점포의 이름은 존 칼리건이었다는 것입니다. 그녀는 성과 이름을 분명히 말했습니다. 벨파스트의 어느 도서관원의 보고에 의해 실제로 노잔바라드 90번지에 식료품상인인 존 칼리건이라는 사람이 있었음이 밝혀졌습니다. 그리고 당시 벨파스트의 식료품상 가운데 존 칼리건이라는 사람은 따로 없었으므로 그 사실은 주목할만 합니다.

또 다른 테이프에서 그녀는 식료품을 파아라는 점포에서 구입했다고 했습니다. 그녀는 그 이름을 듣지는 않았지만 성을 말했습니다. 그것도 역시 조사에 의해 맞는다는 것이 확인되었습니다.

또 결혼식에서는 신랑신부가 마치 아일랜드의 지그와 같은 춤을 추며 주머니에 돈을 넣었다는 그녀의 말을 듣고 아일랜드 민속학회에 문의했습니다. 민속학회의 회신에 의하면 결혼식에서는 일반적으로 춤을 추며, 주머니에 몰래 은화를 넣어두는데 이것은 행운의 부적이라는 내용이었습니다.

실로 놀랄만한 후지의 능력입니다. 그런데 이러한 초능력의 예가 아니더라도 사실 이 후지 능력은 우리들에게도 있으며 가끔 나타나기도 합니다. 다만 느낌이 다르다고 생각할 뿐입니다.

처음 가 본 거리를 걷다가 '이 길은 옛날에 지나친 적이 있구나.' 하고 느낄 때가 있을 것입니다. 이것을 초심리학의 용어로 '데자부' 라고 합니다. 프랑스어로 '이미 보았다.' 는 의미입니다.

많은 사람들이 전생의 기억을 어렴풋이 기억하는 경우가 있습니다. 하지만 왜 우리들은 전생에 대한 기억을 가지고 있지 않을까요?

그것은 투시의 경우와 마찬가지로 초능력의 차이라고 할 수 있습니다.

어떤 보고서에 의하면 태어나는 아이들의 상당수가 출생되기 전의 기억을 가지고 있다고 합니다. 그러나 거의 모든 아이들이 태어날 때 '나는 새로이 창조되었다' 는 것을 간접적으로 반복 당함으로 그 기억이 차츰 사라진다는 것입니다. 이것을 쉽게 말하면 전생의 기억이 있는 사람은 충분히 세뇌되지 않았기 때문이라는 것입니다.

버지니아 대학의 이안 스티븐슨 박사를 중심으로 한 팀이 인도에서 행한 연구에 의하면 자신의 전생에 대한 기억을 가진 사람은 거의가 아이들이었습니다.

그 연구를 보면 아이들은 상당한 수가, 그것도 두살에서 일곱 살 정도의 사이에서 전생에 대한 기억이 되살아나는 기회가 있는 것으로 보였습니다. 유감스러운 것은 아이들

이 그런 말을 해도 주위의 어른들은 아이들이 꿈과 현실을 구별하지 못하는 것으로만 생각한다는 것입니다.

스스로의 기억과 생각을 어른들이 받아주지 않음에 따라 아이들은 차츰 말하는 게 줄어듭니다. 또 성장하면서 외계의 자극에 민감해지므로 전생의 기억을 점차 잊어버립니다.

투 시

투시는 보통 사람들이 오감(시각, 청각, 후각, 미각, 촉각)으로는 느낄 수 없는 것을 지각하는 것을 말합니다.

즉 커다란 벽이라든가 상자 안에 있는 그리고 눈에 보이지 않을 만큼 멀리 떨어져 있어서 보일 리가 없는 것을 보는 능력을 말합니다.

벽을 사이에 두고 빌딩 안에 있는 사람의 모습을 알아내기도 하고, 서울에 있으면서 부산에 있는 친지의 움직임을 볼 수 있다면 그것은 투시 능력의 작용입니다.

투시는 에드가 케이시가 그 대표적인 예일 것입니다. 케이시는 예지에서도 이미 말하였지만 케이시만큼 투시 능력이 뛰어났던 예는 일찍이 없었습니다.

케이시는 젊은 시절에 최면 상태가 되면 자신이 투시를 할 수 있다는 것을 알았습니다.

그 뒤 그는 최면 상태에서 질병을 진단하고 그 치료법을 지시하는 이른바 '피지컬 리딩'을 하게 되었으며 그 덕분에 많은 사람이 도움을 받았습니다.

케이시의 투시력에 의해 치료된 예는 수도 없이 많습니다.

언젠가 그는 긴 의자에 누워 멀리 떨어져 있는 상대방의 이름과 주소만을 듣고 57세의 남성을 진단하기도 했습니다. 그 때 케이시는 상대방의 이름을 '비스코'라고 불렀으며 심장이나 동맥의 폐쇄가 일어날 것이라고 했습니다. 그러나 케이시 자신이나 병명을 듣기 위해 온 사람도 '비스코' 라는 이름을 케이시가 입에 올린 이유를 전혀 알 수 없었습니다.

그러나 후일 상대방 남성의 아내가 보낸 편지로 인해 그 이름의 정체가 밝혀졌습니다. 놀랍게도 '비스코' 란 이름은 그 남자의 어릴 적 별명이었다고 씌어 있었던 것입니다.

그보다 더 극적인 것으로는 알라바마주의 한 소녀의 경우가 있습니다.

그 소녀는 정신병원에 있었으며 그것을 걱정한 오빠가 케이시에게 치료를 의뢰했습니다.

케이시는 최면 상태가 되자 소녀가 왜 정신이상이 되었는지 설명하기 시작했습니다. 그 소녀는 사랑니가 잇몸에 파고들어 뇌신경을 침범하고 있는데 그 이를 빼기만 하면 치료가 된다는 것이었습니다.

케이시의 처방에 따라 소녀는 이를 빼고 나자 정상으로 돌아갔습니다.

투시는 흔히 텔레파시와 혼동되기도 합니다. 텔레파시는 주로 사람의 마음을 읽는 능력이고, 투시는 주로 오감으로는 알 수 없는 물체의 모습을 보는 능력입니다. 그러나 원거리인 경우 텔레파시와 투시는 별로 구별이 되지 않습니다.

'텔레' 에는 '먼 곳' 이라는 의미가 있고 '파시' 에는 '감정’이라는 의미가 포함되어 있으므로 영어에서의 텔레파시는 분명히 사람의 마음에 대한 초감각을 말합니다. 따라서 먼 곳에 있는 물리적인 현상을 아는 경우 이는 투시라고 생각해야 할 것입니다. 따라서 ‘원격시(먼 거리에 있는 것을 보는 것)’라 불리는 것도 이 투시에 포함됩니다.

이 원격시는 오히려 ‘천리안’이라 하면 더 알맞은 것입니다.

이 능력에 매우 뛰어난 사나이가 있었습니다. 그는 잉그 스완이라는 뉴욕의 화가입니다.

잉그 스완은 스탠포드 연구소에서 이 원격시 실험을 했는데 먼 거리의 어느 지점을 볼 수 있는가에 대한 테스트를 받았습니다. 이 실험은 목표물이 있는 곳에 대기하고 있는 다른 팀으로부터 신호를 받는 데부터 시작되었습니다.

예컨대 목표가 파로 알트시의 홀이었을 때 스완은 수직의 원통이 있는 높은 빌딩을 묘사했습니다. 그는 거기에 물소리가 들리지 않는 분수가 있다고 했습니다.

당시 그 분수는 작동이 되지 않고 있었습니다.

또한 스완은 그 홀 앞의 배치도를 그렸는데 나무가 네 그루 있었습니다. 실험에 참여한 사람들은 그 위치에서 찍은 사진과 스완의 스케치가 일치하는데 에는 놀랄 수밖에 없었습니다.

원격시의 또 다른 성공의 예로서 세 사람의 능력자에 의한 테스트가 있습니다. 이 실험은 코스타리카에 있는 한 목표에 초점을 맞췄습니다. 이들 실험 자는 코스타리카에 가 본 적이 없다고 했습니다. 그리고 실험자 중 한 사람인 푸트호프 박사는 사업과 여행을 겸해 코스타리카를 열흘 동안 여행하기로 했습니다.

푸트호프 박사는 그가 여행하는 동안 연락은 취할 수 있도록 매일 13시30분으로 정하였고 기록의 대조는 박사가 돌아온 뒤에 하기로 했습니다.

박사가 코스타리카로 떠난 뒤 첫 번째 실험 자로부터는 여섯 번, 두 번째 실험 자로부터는 다섯 번, 세 번째 실험 자로부터는 한 번의 반응이 있었습니다. 세 번째 실험 자는 하루 종일 그림을 그리고 있었습니다.

코스타리카는 산이 많은 시골임에도 불구하고 세 번째 실험 자는 전혀 예기치 못했던 해안과 바다가 있는 곳에서 여행자를 지각했습니다. 다소 불안하게 모래밭에 만들어진 비행장과 그 끝이 바다로 이어지는 활주로를 그렸습니다. 또한 그림에는 비행장 건물이 그려져 있었고 그 건물에는 커다란 사각형 돌출부분이 있음을 보여 주었습니다.

그 후 대조에 의하면 푸트호프 박사는 계획에 없었던 외딴 섬으로 하룻동안 여행을 했었던 것입니다. 박사는 실험자가 그렸듯이 4,000킬로미터나 떨어진 작은 섬의 비행장에 내리고 있었습니다. 실험자의 그림에 틀린 점이 있다면 사각형 구조물에 둥근 지붕의 건물을 그린 것뿐이었습니다.

투시를 이용해서 사진을 찍는 경우도 있습니다. 이것은 일본에서 맨 먼저 시작되었습니다. 투시를 이용해서 사진을 찍는 것은 염사라고 합니다.

염사는 마음속으로 생각한 것이나 실제로 있는 것을 초능력이 강한 사람의 마음만으로 사진을 찍는 것입니다.

예를 들면 十모양의 글자를 크게 쓰고 그것을 찬찬히 바라봅니다. 그리고 아직 사용하지 않은 필름에 그것을 이미지로 겹치고 아랫배에 힘을 주며 '찍히라 !' 고 강렬하게 원합니다. 그러면 현상한 필름에 十가 나타나는 것입니다.

많은 사람들이 이런 이야기를 들으면 잠에서 덜깬 모양이라고 바보 취급을 할지도 모릅니다. 그러나 이러한 일은 사실이었고 그 증거도 있습니다.

이제 염사가 어떻게 해서 생겨났는지 이야기를 들어봅시다.

1900년대 초 일본 마루가메시에는 나가오 이쿠코라는 부인이 있었습니다.

나가오 부인은 젊어서부터 남달리 예감 능력이 뛰어나 앞으로 일어나게 될 일을 미리 알거나, 잃어버린 물건을 곧잘 찾아내곤 했습니다.

그 당시에는 일본 내에 투시에 대한 관심이 한창 높을 때여서 투시 능력자들이 많았습니다. 나가오 부인도 그들 중의 하나였는데, 동경대학의 심리학 교수인 후쿠라이 도모

키치 박사가 이 부인에게 관심을 갖게 되었습니다. 후쿠라이 박사는 미후네 부인과 여러 차례 실험을 했습니다.

동경에서 나가오 부인이 살고 있는 마루가메시까지는 먼 거리였습니다. 곧바로 달려가 실험해 볼 처지가 못 되었던 후쿠라이 박사는 마루가메에 살고 있는 친지에게 실험을 부탁하기로 했습니다. 그리고 공정한 방법을 생각한 끝에 좋은 방법을 떠올렸습니다.

그것은 카메라로 글씨를 촬영하여 현상하지 않은 건판을 보내는 것이었는데 건판은 현상을 하기 전에는 무엇이 새겨져 있는지 내용을 알 수 없습니다.

후쿠라이 박사는 재천조(哉天兆)라는 글자를 두장 촬영하여 한 장은 자신이 가지고 있고 다른 한 장은 마루가메시에 사는 친지에게 부탁하여 나가오 부인에게 전했습니다. 검은 종이로 싼 건판을 받아든 나가오 부인은 풀러보지 않고 재천조라고 밝혔고 후쿠라이 박사는 그만 놀랄 수밖에 없었습니다.

눈으로 건판을 보아도 모르는 것이 당연한 일인데 마음으로 알아맞혔기 때문입니다.

후쿠라이 박사는 '재천조'를 찍은 건판 두 장을 현상했습니다. 그런데 나가오 부인에게 보냈던 건판은 글자의 둘레가 빛에 닿았던 것처럼 거무스레했습니다.

후쿠라이 박사는 나가오 부인에게서 건판을 감광시키는 힘이 나와서 글자를 알아맞히는 것이라고 생각하고 그렇다

면 촬영하지 않은 필름에 글자나 도형을 찍을 수 있을지도 모른다는 데에까지 생각이 미쳤습니다.

후쿠라이 박사는 나가오 부인이 사는 곳으로 찾아가서 촬영하지 않은 건판과 동그라미, 네모, 십자 모양이 그려진 종이를 부인에게 내놓았습니다. 그리고 부인에게 모양이 들어 있는 그림을 건판에 옮겨 달라고 부탁했습니다.

이 실험을 한 뒤 건판을 현상하자 마치 카메라에 찍은 것처럼 동그라미, 네모, 십자 모양이 찍혀 나왔습니다.

후쿠라이 박사의 예상대로 마음으로 사진을 찍은 것이었습니다. 이 염사 소식은 급속도로 일본에 퍼졌고, 물리학계에서는 심한 반발이 나타났습니다.

많은 물리학자들은 도저히 있을 수 없는 일이라 판단하고 물리학계의 최고 권위자인 야마가와 겐지로 박사가 나서서 그것이 사실인지를 판단하기로 했습니다.

그래서 1910년 1월 6일, 드디어 나가오 부인의 집에서 야마가와 박사 팀에 의해 실험을 하게 되었습니다. 야마가와 박사는 건판과 바를 정(正)자가 적힌 종이를 내밀었고 나가오 부인은 건판이 담긴 상자 위에 온 정신을 집중했습니다. 나가오 부인에 마음으로 촬영을 하고 나자 물리학자들은 곧장 건판을 들고 나가 현상을 했습니다. 물론 正자가 찍혀 나와 있었습니다.

물리학계에서는 그들이 직접 실험과정을 지켜봤으므로 더 이상은 반발할 수가 없었습니다. 건판을 바꿔치기 할까봐 한 귀퉁이에 몰래 표시해 둔 검은 점도 분명히 있었던 것입니다.

그러나 대개의 사람들이 염사에 대한 생각이 부정적이었고 그 사실을 받아들이지 않았기 때문에 나가오 부인은 사기꾼으로 몰렸고, 결국 폐렴으로 세상을 떠났습니다.

처음으로 염사를 밝혀냈던 후쿠라이 박사는 나가오 부인이 죽은 뒤에도 미타 고오이치와 더불어 염사 실험을 계속해서 성공을 거두었습니다.

하지만 사람들은 염사에 대한 의심이 많았으므로 달의 뒷 표면을 염사하기로 했습니다.

지구에서 보이는 것은 달의 한쪽에 불과했기 때문에 그 때까지 달의 뒷면을 본 사람은 아무도 없었기 때문입니다.

1931년 6월 24일 오전 8시 20분 후쿠라이 박사는 건판 2장을 상자에 넣어 그의 집 이층 방 책상 위에 놓았습니다. 이 때 미타 고오이치는 거기서 40킬로미터, 떨어진 자신의 집에 있었습니다.

미타는 그의 집에서 달의 뒷면을 투시하여, 후쿠라이 박사 집에 있는 건판에 염사를 했습니다.

후쿠라이 박사가 건판을 현상해 보니 달의 뒷면으로 생각되는 모습이 찍혀 있었습니다. 그러나 그것이 정말 달의 모습인지는 확인할 수가 없었습니다.

1959년 소련의 우주선 루니크 3호가 달의 뒷면 촬영에 성공했습니다.

이 때는 이미 후쿠라이 박사도 미타 고오이치도 세상을 떠난 뒤였습니다.

염사 연구가들은 미타의 염사체를 소련 우주선이 촬영한 사진과 비교하기 위해 소련에 보냈습니다. 그러나 소련에서는 회답이 없어서 확인이 되지 않았습니다.

그러다가 1969년 7월에 미국의 아폴로 11호에서 달 표면을 촬영했다는 소식을 듣고 항공사진을 종합하여 염사 사진을 컴퓨터로 비교한 결과 분화구의 위치가 18군데 이상 일치한 것으로 확인되었습니다.

그리고 1981년 8월 22일, 한 모임에서 염사의 내용이 발표되었습니다. 염사 실험은 48년의 세월이 흐른 뒤에야 실증된 셈이었습니다.

이 염사에 대해 후쿠라이 박사는 다음과 같이 설명했습니다.

“염사가 일어나는 메카니즘에 대해서는 아직 분명하지 않다. 그러나 실험에 의해 감광막 위의 입자에 광화학 반응과 같은 반응을 일으키고 있음에는 틀림없다. 그렇다고 생각이 빛으로 된 입자는 아니다. 왜냐 하면 생각은 납으로 된 막을 통해서도 작용하며 또한 표면이 아닌 내부에 작용할 수 있기 때문이다. 뿐만 아니라 거리를 초월하여 선택적으로 임의의 점에 작용할 수도 있다.

그러나 중요한 것은 그 작용의 결과가 광입자의 그것과 같다는 사실이다. 여기에서 염사에 대한 새로운 설명을 할 수 있다. 그 사실에 대해서는 예전부터 두 가지 설이 대립하고 있다.

그 하나는 유령설이다. 사진의 초점에 해당되는 위치에 유령이 실제로 존재하며, 그로부터 나오는 광선이 카메라 안의 필름에 형상을 만들어 감광했다는 생각이다. 그러나 염사가 렌즈 없이 이루어진다는 점과 카메라 앞에 실제로 유령이 존재했다는 증거가 성립되지 않으므로 유령설은 부당하다고 할 수밖에 없다.

또 한 가지 설은 정신설이다. 이 설명에 따르면 관념이 자아 밖으로 나와 작용하며, 물질화에 의해 자신의 몸을 구성하는 물질을 거기에 창조하여 모습을 보이고 그 모습

에 반사된 빛이 필름에 감광을 하는 것이다. 하지만 실제로는 모습이 보이지 않으므로 이 역시 적절한 설명이 아니다.

그러나 염사에 의하면 가장 이해도가 높아진다. 즉 심령사진 또한 일종의 염사이며 생각이 필름에 작용하여 자신의 모습을 드러내는 것이다. 따라서 모습이 보이지 않아도 사진에 찍히는 것이다. 그러나 모습이 눈에 보이고 더욱이 그대로 찍히는 경우가 있다. 실제로 존재하는 유령으로부터 반사된 광입자가 렌즈를 통해 필름에 감광되는 것이라고 일반적으로 생각되는 현상인데 염사설에 따르면 그렇지 않다. 요컨데 유령이 보인다는 것은 실제로 거기에 물체가 있는 것이 아니라 생각이 우리의 망막 또는 기타 시각 기관에 작용하여 거기에 유령의 모습이 있는 것처럼 보여 주는 결과이다. 즉 사진의 필름과 마찬가지로 우리의 시각계통에 염사를 하고 있는 것이다. 따라서 사람에 따라 이 염사를 받지 않는 경우에는 함께 있으면서도 그 유령을 보지 못한다. 이러한 경우도 자주 보고되어 있다."

지금은 이 세상에 살고 있지 않지만 제럴드 크로와제트도 유명한 투시능력자였습니다.

그는 탐정노릇을 하면서 경찰을 도와 어려운 사건을 수 없이 해결했는데 특히 행방불명된 사람을 찾는데 뛰어나서 그 적중률이 80퍼센트나 되었다고 합니다. 그는 경찰 수사를 도와 5천 건 이상의 사건을 해결하였습니다.

네덜란드에서는 어려운 일이 생기면 크로와제트에게 물어보라는 우스갯소리까지 있었습니다.

1963년 4월에 한 경찰관은 크로와제트를 찾아와 행방불명된 소년을 찾아달라고 부탁했습니다. 그러나 소년의 사진과 집 부근의 지도를 들여다보던 크로와제트는 슬픈 표

정으로

“소년은 살아 있지 않아요.”

라고 말했습니다.

“수로에서 놀다 빠져서 죽었습니다. 빠진 곳은 이 근처입니다.”

크로와제트는 손가락으로 지도 위의 한 지점을 가리켰습니다. 경찰관이 당장 시체를 찾으러 가려하자 크로와제트는 한마디 덧붙였습니다.

“지금 찾아 봐야 헛일입니다. 시체는 나흘 뒤에나 발견될 것입니다.”

이 사건은 신문에 크게 보도되었고, 사람들은 나흘 뒤를 기다렸습니다.

과연 4일째 되는 날 크로와제트가 투시한 대로 그 장소에 소년의 시체가 떠올랐습니다.

이렇듯 크로와제트는 아무리 먼 곳에서 일어난 일이라도 그 곳의 지도를 들여다보기만 하면 모든 것을 밝혀냈습니다. 네덜란드에서 지구를 반 바퀴 도는 거리인 일본에까지 그의 투시력이 미친 적이 있었습니다.

1975년 일본에서는 3억 엔을 도난 당하는 큰 사건이 일어나자 크로와제트에게 사건투시를 부탁했습니다.

형사는 레인코트와 사냥모자 등의 증거물과 도쿄 시내의 지도를 크로와제트 앞에 펼쳐 놓았습니다. 그리고 사건에 대해서는 아무런 설명도 하지 않았습니다.

크로와제트는 지도 위에 강도들의 행적을 비롯해서 그들의 옷차림과 몸매 등을 상세하게 설명했습니다.

크로와제트에 의하면 직접 은행을 턴 범인은 둘이지만 또 다른 사람이 범행을 지휘했다는 것, 직접 돈을 훔친 범인은 살해되었을 가능성이 높다는 것, 그리고 범인의 몽타쥬 사진이 실물과 전혀 다른 그림이라는 것 등을 지적하고 그들이 잠적한 곳의 주변상황도 설명했습니다.

크로와제트의 투시는 사건 수사에 큰 도움이 되어 얼마 후 그 범인을 잡을 수 있었습니다.

그는 초능력을 과학적으로 연구하는 데도 큰 공헌을 했는데 그가 경찰수사에 협력하도록 조인한 텐하프 교수를 비롯해 유럽의 여러 과학자들과 함께 한 수백 차례의 엄격한 실험은 그를 초능력 자로 확실하게 인정받을 수 있도록 했습니다. 그 가운데 특히 유명한 실험은 '의자 실험'으로 그의 명성은 더 멀리까지 알려졌습니다.

그 실험은 한 달 뒤에 열릴 모임의 배치도였는데 아홉 번째 앉을 사람의 생김새, 성격, 남다른 점을 말하는 것이었습니다. 배치도의 아홉 번째 자리에 누가 앉게 될지는 그야말로 귀신밖에 모를 일이었습니다.

왜냐 하면 그 날 초대받을 사람들조차 그 때까지 정해지지 않았기 때문이었습니다.

그런데도 몇 초 동안 좌석 배치도를 뚫어지게 바라본 크로와제트는 사진을 보고 설명하듯 이야기해 나갔습니다.

그의 말에 의하면 아홉 번째 의자에 앉을 사람은 건강하고 활동적인 중년 부인으로 어린애를 매우 좋아하며 최근에 낡은 그림도구 상자를 손질하다 오른손 가운데 손가락에 상처를 입었다는 것이었습니다. 그리고 오페라 '팔스타프' 에 강렬한 감동을 받았다는 것입니다.

모임이 있기 전날, 유트레히트 대학 초심리학 연구소에서는 실험을 좀더 엄격하게 하기 위해서 두벌의 숫자 카드를 준비했습니다. 한 벌은 숫자를 뒤섞은 다음 봉해 두었고, 또 한 벌은 순서대로 두었습니다. 이 카드를 이용해서 모임에 참석하는 사람들의 자리를 정하려는 것이었습니다.

이튿날, 텐하프 교수와 4명의 과학자들은 모임이 열릴 방으로 가서 30개의 의자에 숫자 카드를 순서대로 놓고 손님들에게는 순서를 뒤섞은 카드를 한 장씩 주었습니다. 그리고 의자에 놓인 카드의 번호에 손님들이 가서 앉도록 했습니다.

모두들 자리에 앉았습니다. 그러자 아홉 번째 의자에 앉은 사람은 크로와제트가 말한 대로 건강해 보이는 중년 부인이었습니다. 또한 그 부인은 이렇게 말했습니다.

"오른손 가운데 손가락은 야채 통조림을 열다 다쳤어요. 그리고 오페라 '팔스타프' 로 말하자면 제가 직업가수로 데뷔하여 처음 공연했던 오페라입니다. 이 음악을 들으면 지금도 그 때 떨렸던 마음이 생생해요."

맞지 않은 것도 더러 있었지만 크로와제트는 이렇듯 대부분을 맞추었습니다. 크로와제트는 에이즈에 대해서도 예언했고, 소련의 체르노빌 원자력 발전소 사고를 예언하여 몇 년 동안은 소련과 동부유럽에는 가지 않는 것이 좋다고 하였습니다.

이러한 초능력자인 제럴드 크로와제트도 자신의 수명대로 1980년 71세의 나이로 세상을 떠났습니다.

염 력

염력이란 정신력으로 물체를 움직이는 초능력을 말합니다.

모든 물건을 마음대로 움직일 수는 없지만 정신력으로 물건을 움직인다는 것은 역시 보통 사람으로서는 어려운 일입니다.

1984년 우리 나라에 방문하여 텔레비전 프로그램에서 그 염력을 공개적으로 전국에 보여준 유리 겔러도 역시 염력을 하는 초능력 자입니다.

유리 겔러는 숟가락, 포크, 열쇠 등을 만지거나 정신을 집중시키기만 하면 이 물건들이 열을 받은 엿가락처럼 휘어졌습니다. 그의 손길이 스치기만 해도 시계바늘이 멈췄고, 고장나서 서 있던 시계가 째깍거리며 힘차게 바늘이 움직였습니다. 이러한 겔러의 능력 때문에 숟가락이나 금속을 정신력으로 구부리는 현상을 '겔러 효과' 라고 이름을 붙였습니다.

유리 겔러는 그의 초능력을 텔레비전 같은 공개석상에서 보여주기 때문에 그의 초능력을 믿는 사람들이 많았습니다. 하지만 그 힘의 정체를 속시원히 밝혀주는 이론은 아직 나오지 않고 있습니다.

겔러는 자신의 초능력이 어딘가 외부로부터 오는 것 같다고 하며 이렇게 말했습니다.

"아마도 누구나 자기 안에 이런 힘을 갖고 있는 것 같다. 이 힘을 끌어내는 데는 어떤 능력이 필요하다. 그 능력은 어떤 정신력에서 생겨난다고 생각한다."

겔러는 자신의 정신력을 효과적으로 내기 위해서는 다른 사람들의 에너지를 필요로 한다면서 그런 까닭에 그는 자신에게 호의를 갖고 있는 관객이나 친구들이 모인 자리에서 재주 보이기를 좋아한다고 말했습니다.

유리 겔러로부터 시작된 '숟가락 구부리기'는 여러 가지 의문이 제기되었고 연구도 있었습니다. 특히 일본 전기 통신대학의 사사키 교수는 구부러진 금속의 상태를 보고 염력이 발생되었는가 아닌가를 조사해 보았습니다.

이 실험은 초능력 소년이라 불리우는 네 명의 소년을 상대로 실시되었습니다.

소년들이 구부린 숟가락의 단면과 기구를 이용해서 구부린 숟가락의 단면을 전자 현미경으로 비교하였습니다.

이 실험 결과 기구에 의해 구부러진 경우 그 단면이 단순한 모양으로 나타났고, 염력으로 굽혀진 경우 장소에 따라 파괴된 형태가 달랐으며 갖가지 무늬가 뒤섞여 있었습니다.

이 금속 단면의 차이는 기계가 아닌 힘이 가해진 것으로 염력이 작용했다는 것을 뒷받침해 주었습니다.

소련의 니넬 쿨라기나 부인도 염력을 가진 초능력자였습니다.

쿨라기나 부인이 자신의 초능력을 발견한 것은 우연한 경우였다고 합니다.

마흔 살이 넘은 쿨라기나 부인은 몹시 화가 나서 찬장 있는 곳으로 걸어가는데 갑자기 찬장 안의 주전자가 떨어졌습니다. 이것을 신호로 온갖 종류의 이상한 일들이 일어났는데 물건들이 마치 살아있는 것처럼 그녀에게 다가오는 것이었습니다. 문이 제멋대로 여닫히고, 불이 저절로 켜졌다 꺼졌다 하였으며 식탁 위의 접시가 움직여 공중에 떠다니기도 했습니다.

그러던 어느 날 쿨라기나 부인이 아끼는 도자기가 떨어지려고 흔들거렸습니다. 쿨라기나는

"안돼, 떨어지지 마 ! "

라고 외쳤습니다. 그러자 도자기는 아무 일 없었다는 듯이 그대로 서 있는 것이었습니다. 이 때부터 쿨라기나는 사물을 움직이는 힘을 조절하였습니다.

언젠가 쿨라기나는 아주 흥미 있는 실험을 한 적이 있었습니다. 그것은 물 속에서 달걀의 흰자와 노른자를 분리하는 것이었습니다.

쿨라기나는 소금물을 가득 채운 커다란 수조 속에 날 달걀을 깨뜨려 넣었습니다. 그리고는 수조에서부터 1.5미터쯤 떨어진 곳에서 달걀에 정신을 집중했습니다.

그러자 흰자와 노른자가 따로따로 떨어져 나가는 것이었습니다. 누군가 수조 속에 손을 넣어 노른자와 흰자를 떼어놓는다 해도 쿨라기나가 한 것처럼 되지는 않았을 정도입니다.

쿨라기나는 유리상자에 채워넣은 연기도 마치 칼로 두부를 자르듯 반으로 자른 적이 있습니다. 기체에까지 작용하는 염력은 정말 신기한 일입니다.

그녀의 염력으로 특히 유명한 것은 '개구리의 심장을 멈춘 일' 입니다.

개구리의 심장은 개구리를 해부하여 몸 밖에 꺼내놓아도 몇 시간 동안 움직임을 계속합니다. 그런데 그녀는 개구리의 심장을 염력만으로 멈추게 했던 것입니다.

과학자들은 심장의 움직임을 측정할 수 있도록 개구리의 심장에 전선을 연결했습니다. 그리고 쿨라기나가 정신을 집중하자 개구리의 심장은 움직임이 느려지더니 마침내 멈추는 것이었습니다.

쿨라기나의 이런 능력은 질병의 치료에도 이용되었는데 특히 상처가 벌어진 부분 가까이에 손을 접근시키기만 해도 치료가 되었다고 합니다. 쿨라기나의 염력에는 많은 사람들이 관심을 보였는데 그녀를 직접 찾아갔던 사람들은 놀라운 현상을 볼 수 있었습니다.

작가 레프 코로드니가 쿨라기나를 인터뷰하기 위해 그녀의 아파트를 찾아갔을 때였습니다. 그는 쿨라기나와 이야기를 나누며 분주하게 기록을 하고 있었습니다. 그런데 갑자기 만년필 뚜껑이 식탁보 위에서 자기를 향해 다가오는 광경을 보았습니다. 그리고 만년필 뚜껑의 뒤를 이어 잉크병이 따라오는 것이었습니다.

코로드니가 놀란 모습으로 맞은 편의 쿨라기나를 바라보니 그녀는 다만 미소를 짓고 있을 뿐이었습니다.

그는 어떤 장치가 되어 있나 해서 식탁 위를 더듬어 보았습니다. 그러나 아무 것도 발견할 수 없었습니다.

코로드니는 움직이는 두 물체를 집어들고 어떤 장치가 되어 있지 않나 자세히 보았습니다. 그러나 이상한 점을 발견하지 못하자 무심코 만년필 뚜껑을 유리컵으로 덮었습니다. 그러자 이번에는 유리컵 속에서 만년필 뚜껑이 이리저리 움직였습니다.

과연 물체를 움직이는 이 힘은 어디서 오는 것일까요 ?

세르게예프 박사는 이 수수께끼를 풀기 위해 뇌파탐지기, 심전도 측정기, 전자계 측정기 등의 기계를 쿨라기나의 몸에 연결하고 실험을 했습니다.

이 실험에 의해 쿨라기나가 물체에 정신집중을 하는 동안 쿨라기나의 심장 고동이 평소의 네 배로 빨라지는 것을 알 수 있었습니다. 그리고 쿨라기나의 둘레에서 강력한 자계가 진동했습니다.

자계는 씨앗에서부터 인간에 이르기까지 모든 생물이 이것에 둘러 싸여 있고 그 작용을 받고 있습니다. 또한 자계는 모든 사람들이 가지고 있는데 쿨라기나의 자계는 보통 사람들보다 훨씬 강한 것이었습니다. 쿨라기나의 뇌와 심장은 자계의 진동, 다시 말해서 자력파에 맞추어 맥박치고 있었습니다. 이 진동을 계속하는 자력파는 쿨라기나가 바라보는 방향으로 집중하고 있다는 사실이 탐지기에 나타났습니다. 그리고 쿨라기나가 주시하는 물체가 움직임을 시작했습니다.

세르게예프 박사는 쿨라기나의 염력에 대해 이렇게 결론

지었습니다.

“자력파가 발생하는 순간 쿨라기나가 초점을 맞춘 물체는 그것이 자석에 끌리지 않는 물체라 할지라도 자성을 띤 것처럼 움직이기 시작한다. 그렇게 해서 물건을 쿨라기나 쪽으로 끌어당겨지거나 밀어내게 되는 것이다.”

지금도 염력에 대한 연구는 세계 각국에서 활발하게 이루어지고 있습니다. 특히 미국의 듀크대학에서는 주사위를 사용한 염력 연구를 일찍부터 실시했습니다.

라인 박사도 초심리 연구에서 ‘주사위 낙하 지점에 대한 조사’를 통해 일반인에게도 염력이 있음을 증명하고자 했습니다.

이것은 카지노에서 도박을 하는 한 도박사의 말에서 힌트를 얻은 것입니다.

“컨디션이 좋을 때에는 주사위 숫자를 마음대로 조정할 수 있다.”

처음에는 실험자가 손으로 던지는 방법으로 1에서 6까지의 점이 있는 주사위를 사용했습니다. 그러다가 위의 그림처럼 점이 없는 주사위를 사용하게 되었습니다.

이 실험 방법을 살펴봅시다.

우선 주사위를 그림에서와 같은 V형(a) 홈에 줄지어 놓습니다. 그리고 단추를 눌러 홈을 기울이면 주사위는 굴러서 A나 B의 어느 한 쪽 구역에 멈춥니다. A, B 양 구역 한가운데에는 피아노 선이 있기 때문에 중앙에는 멈추지 않으며 반드시 어느 한쪽으로든 갈라지게 됩니다.

한 번에 여섯 개의 주사위를 던지는데 실험자는 정신을 집중하여 'A에 가서 멈춰라' 하고 다섯 번 되풀이합니다. 다음에는 'B에 가서 멈춰라' 하며 다섯 번을 던집니다. A에 멈췄을 때와 B에 멈췄을 때는 적중입니다. 만일 우연히 멈추었을 경우 확률은 2분의 1이 됩니다. 그러나 실험을 반복하고 있는 동안에 염력 능력은 상승하게 되어서 보통 사람이라도 50퍼센트 이상의 적중률을 보였습니다.

1949년경부터 약 10년 동안 스웨덴 정부의 원조를 받으며 연구했던 하콘 포워드는 염력이 주사위를 구성하는 원자의 중성자에 작용한다는 사실을 알아냈습니다. 이 사실을 보아도 초능력계가 중성자를 힘의 에너지로 바꾸어 주사위를 원하는 쪽으로 이동시킬 수 있다는 것을 말 수 있습니다.

수마술

나뭇가지나 그 밖의 물건으로 물줄기 등을 찾는 일인 수마술의 역사는 선사시대까지로 거슬러 올라갑니다.

북아메리카의 3만 년 전의 벽화에는 지팡이를 손에 쥔 선사시대인의 모습이 보입니다.

수마술은 나무에서 잘라낸 Y자형의 작은 나뭇가지를 사

용하여 농지 내의 지하수를 찾아내는 데에 쓰였습니다.

수마술을 하는 사람인 다우서는 Y자형의 가지를 양손에 들고 땅 위를 걸어다닙니다. 그러면 나뭇가지가 움직이기 시작하여 땅에 기울어질 때까지 계속합니다. 이 작은 나뭇가지의 움직임은 보통 땅 속에 있는 물줄기의 위쪽 아니면 근처까지 다우서를 이끌어 갑니다.

대개 나뭇가지의 갈라진 쪽을 가슴 가까이 대고 줄기를 땅이나 정면 혹은 약간 위쪽을 향하게 합니다. 이것은 흔히 행해지고 있는 방법인데 나뭇가지는 어떤 종류라도 상관은 없지만 대개는 단풍나무나 벚나무가 좋다고 합니다. 그러나 꼭 나무만이 사용되는 것은 아닙니다.

그것은 사람에 따라 다른데 전선이나 고래뼈, 나일론 막대기를 사용하는 사람들도 있고 어떤 여자 다우서는 머리핀을 사용하기도 했습니다. 그리고 특이한 경우는 펜치, 말굽, 끈으로 맨 고무공을 쓰는 사람들도 있습니다.

특이한 현상은 이런 수마술에 사용하는 모든 기구들이 고여 있는 물 즉 흐르지 않는 물 가까이에서는 움직이지 않았다는 것입니다. 그러나 일단 땅속에서 흐르는 물줄기를 발견하면 그 지팡이는 움직이기 시작하는데 1분에 80회 정도 회전하는 경우도 있다고 합니다.

수맥 가까이 오게 되면 다우서들은 이제까지 없었던 몸의 변화를 느끼게 됩니다. 영국의 유명한 다우서인 존 마린스는 전기 쇼크를 느끼고, 수맥을 발견한 날이면 양팔이 밤새 아프다고 말했습니다. 다른 다우서들은 흥분, 짜릿함, 한기를 느끼거나 정신을 잃는 경우도 있다고 합니다. 다우서에 따라서는 피를 토하거나 물에 가까워짐에 따라 천식처럼 숨이 가빠지는 사람도 있습니다.

다우서들은 물 뿐만 아니라 금속 종류 및 석유를 발견한 적도 있고 사체를 찾아 낸 적도 있습니다.

본래 다우서는 중세 독일 때부터 널리 알려졌는데 사용 목적은 금속을 찾는 데에 있었습니다.

1430년의 어떤 기록에는 금속을 찾아내기 위해 지팡이가 어떻게 사용되었는지에 대해 쓰여 있습니다.

1530년 아그리골라의 논문에는 광산 일을 하는데 에 지팡이가 실제로 매우 유용하다고 그것의 사용을 권하고 있습니다. 이런 광산 기술은 17세기쯤 영국에도 도입되어 곤월에서는 지금까지도 행해지고 있다고 합니다.

오늘날 광업가들 중에는 금속으로 된 양복걸이를 L자형으로 구부려서 그것으로 금속을 탐지하는 경우도 있습니다. 그것을 사용하여 석유를 찾아 낸 경우로는 영국의 이위린 펜로스로, 캐나다 정부로부터 위탁받아 석유를 찾는 일을 했습니다. 그녀는 이 방법으로 열두 곳의 석유를 발견하였습니다.

17세기 프랑스의 쟈크 에이마르는 술을 판매하는 상인 부부를 살해한 범인들을 발견하기도 했습니다.

그에 의하면 지팡이가 가리키는 대로 산을 넘고 바다를 건너갔더니 살인자를 찾아 낼 수 있었다는 것입니다.

죤 셰리는 죽은 시체를 발견했습니다.

존은 캘리포니아의 기도회에 갔다가 돌아오지 않은 소년의 행방을 추적해 달라는 부탁을 받은 일이 있었습니다.

존은 지도를 테이블에 펼쳐놓고 지팡이를 가지고 앉아서 그것으로 소년의 행방을 추적했는데, 태평양에 이르러 소

년의 시체가 있는 곳을 가리켰습니다. 이윽고 경찰이 그 곳에 가보니 소년의 시체가 곳에 있었다는 것입니다.

다우서들은 '증인' 이라는 것을 사용하기도 하는데 그것은 그들이 찾아내려고 하는 것들의 견본을 말합니다. 아마도 같은 것이 서로 끌어당기기 때문인 것 같습니다.

가령 약간의 물이 지하수에 이끌리고, 금속이 금속을 찾아내고, 약간의 석유가 석유에 이끌리고 행방불명된 사람의 물건이 그 사람의 행방을 찾아내는데 필요하기 때문입니다.

그러나 이와는 정반대로 물줄기나 석유등을 찾는데에 방해가 되는 물건들도 있습니다. 대개의 경우 비단이나 털장갑, 고무 밑창의 신이 방해가 되었으며 다우서의 팔이나 발에 붕대가 감겨 있으면 다우서들은 그들이 찾고자 하는 것을 찾을 수가 없었다고 합니다.

러시아인들은 번갯불을 동반한 폭풍이 다우싱에 방해가 된다고 주장했습니다.

어떤 다우서들은 지팡이 등의 물품이 전혀 없이도 활동을 합니다. 그들 가운데에는 땅을 통해 물이나 금속이 보인다고 주장하기도 하는데 그들 중의 승려 부우티는 1928년의 강연에서 이렇게 말했습니다.

"나에게는 이제 지팡이가 필요 없다. 나는 자신의 눈으로 물줄기를 볼 수 있기 때문이다."

지하의 물이 실제로 보이는 경험은 일종의 투시 현상입니다. 지팡이나 다른 물건을 사용할 때의 다우서는 의식에 변화가 없습니다. 잠재 의식의 정보가 지팡이를 쥔 손에 전달되기 때문에 그 의식에는 변화가 없는 것이지요.

그러나 지팡이 없이 다우싱을 하는 사람의 경우는 초감각적인 행위라고 설명할 수 있겠습니다.

17세기의 유명한 다우서 중 하나인 불톤은 지하수위를 걸으면 언제나 반드시 경련을 일으켰으며 마르세이유의 쟌 쟈크 빠랑그의 경우는 언제나 공포에 가득 찬 상태가 되었습니다.

어떤 사람은 물, 석탄, 소금 등에 강한 반응을 보였습니다. 지금도 다우서들은 방바닥 밑으로 수도관이 통과하고 있으면 잠을 이루지 못한다고 합니다.

일련의 이런 현상들 지팡이의 움직임은 어디에서 비롯되는 걸까요?

아무도 확실한 이론을 내세우지는 않았습니다.

어떤 이론에서는 무의식적인 근육의 움직임이 지팡이에 전달되는 것이라고 주장하기도 하는데 그 때 지팡이가 회전하지 못하도록 힘껏 쥐면 반대로 작용해서 근육이 강한 동작을 일으킨다는 것입니다.

또 하나는 전자장이 흙과 물이 존재하는 곳에서 지팡이에 작용한다는 이론입니다.

어떤 사람들은 물과 지팡이 사이에 어떠한 화학작용이 있는 것이 아닌가 의심을 하기도 하지만 아직까지의 연구에 의하면 그런 것은 발견되지 않았습니다.

또 다른 이론은 지구의 방사선에 영향을 받는다고하는 것입니다.

이들 이론의 대부분은 지구와 물을 다우서와 지팡이에 관련시키는 자장의 상호작용에 기초를 두고 있다. 이러한 이론의 일부 또는 전부가 부분적으로는 맞는 것인지도 모를 일이나 먼 거리로부터의 다우싱 현상을 제대로 설명해 주지 못하고 있습니다.

그 밖의 초능력

물건을 물리적인 힘이 아닌 정신력만으로 공중에 뜨게 하는 현상을 염력이라고 합니다.

그런데 다니엘 홈은 물건만이 아니라 다른 사람의 몸을 최면 상태에서 공중에 뜨게 하거나, 자신이 직접 공중을 날아다녀 많은 화제를 일으킨 초능력자입니다.

19세기 스코틀랜드 사람인 홈은 17세 때부터 여러 가지 초능력을 세상에 널리 알리는 것이 자신의 임무라고 믿었습니다.

그는 살아 있을 때에 주위의 후원자들로부터 선물도 많이 받고 다른 여러 사람들을 기쁘게 하였지만, 초능력에 대해 이해가 부족한 사람들은 그를 수준 높은 마술사라고 생각하는 것이 고작이었습니다.

하지만 그의 초능력은 무척 놀라운 것이 많았습니다.

홈은 불이 붙어 새빨갛게 달아오른 석탄을 조금도 뜨거

워하지 않고 맨손으로 쥐었으며, 그의 초능력에 의해 키가 15센티미터 이상이나 자란 사람도 있다고 합니다.

그 가운데에서도 1868년 그가 런던에서 사회 저명인사들 앞에서 보여 주었던 사건은 매우 유명합니다.

"여러분, 이 방에 그대로 계십시오. 제가 옆 방 창문으로 나가서 이 방 창문으로 들어오겠습니다."

말을 마친 홈은 창문으로 나가기 위해 옆방으로 갔습니다. 그 곳은 3층이었으므로 모여 있던 사람들은 홈이 벽을 타고 들어올 것이라고 생각하였습니다.

그런데 잠시 뒤에 홈은 공중을 날아서 창문으로 들어오는 것이었습니다.

홈은 또 남아프리카의 해안에서 많은 피서객들이 지켜보는 가운데 여자의 몸을 누운 채로 공중에 띄웠습니다.

홈의 양팔에서 신비한 힘이 나오는 것이었지만 한편 많은 사람들은 홈이 속임수를 썼다고 주장했습니다. 그러나 영국의 물리학자인 윌리엄 크룩스는 홈을 실험하고 연구한 끝에 홈의 초능력은 진실이라고 발표했습니다.

크룩스의 집에서 행해진 이 실험에서 홈은 건반에 손을 대지 않고 아코디언을 연주하고, 가구를 공중에 띄워 올렸습니다.

그 뒤 윌리엄 크룩스는 앞장서서 심령 연주회를 창립했습니다. 이것은 초능력을 연구하는 한 분야로서 드디어 초심리학의 연구가 시작된 것이었습니다. 그러나 이처럼 신비한 능력을 보여 주었던 다니엘 홈도 병 앞에서는 무릎을 꿇었습니다. 1886년, 마침내 그는 폐결핵으로, 53세의 나이에 세상을 떠난 것입니다.

앞일을 내다보거나 투시하거나, 혹은 마음으로 물체를 옮기고 먼 곳에 텔레파시를 보내는 것 등의 초능력은 이미 많은 사람들이 실제로 보여 주고 있습니다.

그 중에서도 로자 크레쇼바라는 여인은 손으로 물체를 본다 하여 초능력에서도 특별한 경우에 속합니다.

로자의 경우, 태어날 때부터 그녀에게 이런 초능력이 있지는 않았습니다.

로자는 열 여섯 살 때 동네의 맹인 연극 모임을 지도했는데 자신도 맹인들과 같이 점자(맹인들이 글씨를 읽을 수 있도록 볼록볼록 올라온 표시로 된글자) 읽는 법을 배워 그것을 줄줄 읽을 수 있게 되었습니다.

그러던 어느 날, 로자는 손가락으로 점자뿐만 아니라 색깔이나 모양 같은 것을 볼 수는 없을까 하고 생각하게 되었습니다. 그렇게 된다면 맹인들도 보통 사람들이 읽을 수 있는 보통의 책을 똑같이 읽을 수 있을 것이라고 생각했습니다.

그 때부터 로자는 아무도 모르게 손가락으로 물체를 보는 연습을 했습니다.

그로부터 6년의 세월이 흐른 뒤, 마침내 로자는 손가락으로 물체를 알아볼 수 있게 되었습니다.

로자는 자신의 능력에 자신감을 얻고 골든베르크라는 의사를 찾아가서 그것에 대한 실험을 했습니다. 의사는 로자의 눈을 가리고 손으로 색종이의 색깔을 알아맞히도록 했습니다.

로자는 오른손의 세 번째와 네 번째 손가락을 사용하여 색종이의 색깔을 정확하게 알아맞혔습니다.

의사는 계속해서 신문이나 잡지, 책 등을 로자의 손가락 아래에 갖다 놓았습니다. 그러자 로자는 마치 그것들을 눈으로 보는 것처럼 쉽게 읽어 내려갔습니다. 로자가 손가락으로 글씨를 읽어 내려갈 때는 마치 손가락에 눈이라도 달려 있는 것 같았습니다.

골든베르크 의사는 실험을 거듭한 결과, 실제로 로자가 손가락으로 사물을 본다는 것을 확인했습니다.

그리고 그 해 가을, 니지니다기르의 심리학자 모임에 로자를 데리고 갔습니다.

그 곳에서 로자는 심리학자들로부터 공개적으로 검사를 받았습니다. 얼굴 전체를 가리고도 뒤늦게 그 곳에 들어온 과학자들이 입은 옷의 색깔을 말했고, 그들이 주머니에서 꺼내 놓은 물건의 모양까지 알아맞혔습니다. 또한 과학자 한 사람이 사진을 내놓자 로자는 사진 속의 인물이 어떤 자세를 하고 있는지도 설명했습니다.

이 일로 로자는 학자들 사이에 큰 화제가 되었습니다. 공산당 기관지에서부터 철학 잡지에 이르기까지 로자의 기사가 크게 실렸습니다. 과학자들은 손으로 보는 일이 어떻게 가능한가를 과학적으로 밝히는 일에 앞장섰습니다.

신경학자인 샤아에파 박사가 이끄는 과학 연구팀이 로자를 연구실로 초대했습니다.

그리고 로자가 색깔을 직접 만져서 느낄 수 없도록 유리판 아래에 색종이를 놓았습니다. 그러나 로자는 유리판 아래에 놓인 색종이의 색깔뿐만 아니라 글자와 악보까지 읽어냈습니다.

이로써 로자는, 색깔이 지니고 있는 열로 색을 구분하는 것이 아니라는 연구 결과가 나왔고, 노보미스키 박사 역시 로자를 실험한 뒤 똑같은 결론을 내렸습니다.

그 실험에서 로자는 유리 실험관에 담긴 액체의 색깔과 높이 등도 척척 알아맞혔습니다.

드디어 소련에서 최고의 권위를 자랑하는 모스크바의 과

학 아카데미가 수수께끼 소녀 로자 크레쇼바를 조사하기 시작했습니다.

모스크바에 간 로자는 눈을 가린 채 넥타이, 광선, 꽃잎, 머리카락에 이르기까지 온갖 물체의 색깔을 구별해 보였습니다.

로자는 우표에 인쇄된 그림과 같이 자그마한 것, 사진 속에 있는 여자가 달고 있는 귀고리같이 눈에 잘 안 띄는 것도 손가락으로 보았습니다.

로자를 실험한 모스크바의 과학자들은 로자의 능력을 인정하는 보고서를 학회에 보냈습니다.

그 때부터 과학자들은 정상적인 사람들에게 피부시각을 훈련시켜 얻은 결과를 바탕으로 눈먼 사람들에게 손가락 시각 훈련을 시켰습니다.

갓난아기 때 눈이 멀어 색깔을 전혀 알지 못하던 어린이도 이 느낌을 가지고 색깔을 훌륭하게 구별해냈습니다.

훈련을 거듭한 결과, 그 어린이는 1학년 교과서의 글씨를 읽는 데 성공하였습니다.

과학자들의 눈먼 사람들을 대상으로 한 꾸준한 연구로 그 밖의 여러 가지 사실들이 밝혀졌습니다.

빛이 밝은 곳일수록 손가락이 물체를 알아보기 쉽다는 것, 전류가 흐르는 곳에 놓아 둔 물체를 더 잘 알아본다는 것, 파란 불빛 아래에서는 파란 물체를, 노란 불빛 아래에서는 노란 물체를 더욱 구별하기 쉽다는 것 등이었습니다.

로자 크레쇼바의 이 능력은 사실 초능력이라 하기에는 무리가 따릅니다.

손가락으로 읽는 능력을 훈련받은 다른 능력자들에 비해 결코 뛰어난 것이 아니었기 때문입니다. 하지만 로자는 아무도 생각지 못한 일을 해낸 것입니다. 로자가 맹인들의 어려움을 안타까워하고 그들을 도울 방법을 찾다가 손가락으로 물체를 봐야겠다고 생각한 것 자체가 참으로 훌륭한 능력이라고 하겠습니다.

한편 초능력은 인간만이 소유한 능력이 아닙니다. 식물이나 동물들도 그들 나름대로 초능력을 가지고 있습니다.

도쟈필드라는 개는, 주인이 눈을 감고 마음속으로 테이블 위의 카드를 한 장 가져오도록 명령한 다음, 소리를 내어 "도쟈필드, 그것을 가져오렴." 했더니 곧 달려가서 그 카드를 가져왔다고 합니다.

또, 개가 자신의 고통을 텔레파시로 보낸 경우도 있습니다.

런던을 방문중이던 한 남자가 꿈을 꾸었습니다. 그 꿈의 내용은 자기가 평소 귀여워하던 개 밋스가 귀를 다쳐 고통스러워하는 표정으로 짖어 대며 방으로 뛰어드는 것이었습니다.

그는 새벽 네 시에 식은땀을 흘리며 잠에서 깨어났는데, 아침 식사를 하며 그 집 여주인에게 자기가 꾼 꿈을 이야기했습니다.

바로 그 때, 전화가 걸려 왔는데 그것은 자기집 가정부로부터 온 것이었습니다.

전화 내용은, 새벽 네 시쯤에 밋스가 그의 침실 창문을 통해 울부짖으며 뛰어들어서 깜짝 놀란 가정부가 자세히 보니 개의 귀가 찢어져 피가 흐르고 있었다는 것이었습니다.

이것은 평소 자신을 아껴 주던 주인에게 자신의 고통을 알리려고 한 데에서 텔레파시가 작용한 것이라고 볼 수 있습니다.

이런 텔레파시는 동물과 동물 사이에서도 나타납니다.

소련에서는 동물들 사이에도 텔레파시가 작용하는가를 알아보기 위해 다음과 같은 실험을 한 적이 있습니다.

먼저 어미토끼와 새끼토끼를 함께 길렀습니다. 그러다가 어느 날, 어미와 새끼를 따로 떼어놓고 새끼들만을 잠수함에 태워 바다 멀리 나갔습니다. 그리고는 육지에 남아 있는 어미토끼에게 뇌파 탐지기를 부착시켰습니다.

그 뒤, 몇 마리의 새끼토끼를 차례로 죽였습니다. 새끼토끼가 죽는 순간마다 어미토끼에게 부착된 뇌파 탐지기가 강하게 반응하였습니다.

새끼토끼의 고통과 공포가 거리를 초월하여 어미토끼에게 전달되었던 것입니다.

이 실험을 통해 동물들끼리도 텔레파시가 통한다는 사실이 확인되었습니다.

동물의 초능력도 생각해 보면 당연한 것이라고 할 수 있습니다.

동물들도 신경계가 있어서 고통이 클 경우, 울부짖음을 통해 자신의 고통을 전달할 수 있기 때문입니다.

그러나 식물의 경우는 좀 다르지 않을까 하고 생각하는 경우가 보통입니다.

풀잎에 상처를 냈다고 해서 혹은 나뭇가지를 잘라냈다고 해서 식물이 아프다고 소리 지를 경우는 없기 때문입니다.

그러나 그것은 우리가 식물에 대해서 잘못 이해한 것입니다.

미국의 초심리학자인 백스터 박사의 연구 결과에 의하면 식물도 인간의 생각과 감정을 느낄 수 있을 뿐만 아니라 스스로 기뻐할 줄도 안다고 합니다.

식물이 인간의 감정을 느끼고 또 식물 스스로의 감정이 있다니 매우 신기한 일입니다.

그 실험을 한 백스터 박사는 거짓말탐지기 전문가로서, 그 사용법을 각 검사관에게 가르치는 일을 하였습니다.

어느 날 백스터 박사는 '드라세나' 라는 식물에 물을 주었을 경우, 그 물이 뿌리에서 줄기를 통해 잎에 이르는 시간이 얼마나 걸리는지 알아보기 위해 거짓말 탐지기의 단자를 드라세나 잎에 붙였습니다.

그런데 박사가 예상했던 결과가 아닌 정반대의 결과가 나왔습니다.

박사는 어쩌면 식물인 드라세나가 거짓말을 하고 있을지도 모른다고 생각했습니다. 만약 드라세나가 거짓말을 하는 것이라면 그 잎을 불태워 버려야겠다고 생각했습니다. 그러자 그 순간 거짓말 탐지기의 바늘이 정상적으로 움직이는 것이었습니다. 드라세나가 공포를 느낀 것입니다.

이것은 아주 우연한 발견이었습니다.

그 뒤 박사는 20여 종의 식물에 대해 실험을 거듭한 결과, 식물이 인간의 감정에 반응한다는 사실을 입증했습니다.

또한 어떤 곡류와 과일은, 작은 새나 짐승에게 먹히는 것보다 지능 지수가 높은 고등 동물에게 먹히는 것을 더 좋아한다는 사실도 알게 되었습니다.

고등 동물에게 먹힐 경우, 씨째 먹는 동물들은 비록 열매는 먹더라도 그 씨는 먼 곳에 배설해 주기 때문입니다. 그러면 그 배설된 씨앗에서 싹이 나와 종족 전체의 번영으로 이어지므로 오히려 기뻐한다는 것입니다.

이러한 연구 결과로 백스터 박사는 생물끼리 어떤 통신이 가능하지 않을까 하는 생각이 들었고 그 생각에 대해 다음과 같은 실험을 하였습니다.

우선 덩굴 식물을 사람이 없는 실험실에 넣고, 그 잎에 거짓말 탐지기를 부착시켰습니다. 그런 다음 그 옆방에서 기계 장치로 살아 있는 새우를 끓는 물에 던져 넣는 실험이었습니다.

이 실험은 여섯 번 정도 반복되었습니다.

이 실험으로 식물에게는 동물의 목숨에 대해 반응하는 감각이 있음이 증명되었습니다. 거짓말 탐지기의 바늘은 5배나 더 높은 확률로 새우의 죽음을 포착했기 때문입니다.

이 실험은 죽음뿐 아니라 삶의 경우에서도 마찬가지 반응을 보였습니다.

예를 들면, 동물의 알이 부화하기 3, 4일 식물에 부착된 탐지기는 이상한 움직임을 보였습니다.

백스터 박사의 이러한 발견은 연구에 좋은 결과를 가져다주었습니다. 식물에 감정이 있다면, 애정에 의한 품종개량도 가능하기 때문입니다.

백스터 박사의 이 연구 결과는 식물학자의 의견과도 일치되었습니다.

자기 집 정원의 식물에게 매일 안부를 전하고 애정 어린 마음으로 보살펴주면, 그 식물의 성장은 보통의 식물과 다르다는 것이 식물학자들의 주장이기 때문입니다.

인도의 아나마라이 대학 식물학과 주임 교수인 싱박사는 어떤 연구 도중, 우연한 계기로 식물이 음악에 예민한 반응을 보인다는 사실을 발견하고 그것에 대한 연구를 시작하였습니다.

처음에는 깊은 종교적인 감정과 정감을 불러일으키는 기도의 노래인 라가를 풀이나 나무 앞에서 연주하는 실험을 했습니다. 발삼나무에게 날마다 25분씩 라가를 들려주자, 잎의 양이 늘어났으며 키도 20퍼센트나 더 자랐습니다.

그리하여 싱 박사는 코스모스, 백합, 양파, 무, 고구마, 참깨 등을 대상으로 그 수확 증대의 실험을 했습니다.

그 결과, 조생종 벼와 일반 벼, 만생종 벼 모두 평균 수확량보다 20~60퍼센트나 증가되었습니다.

이 실험 결과를 들은 미국의 식물학자 스미스는 반신반의하면서 옥수수와 콩을 각기 다른 온실에 나누어 심고, 한쪽 온실에만 죠지 거쉬인의 '랩소디인 블루'를 들려주었습니다.

이렇게 음악을 들은 씨앗은 음악을 들려주지 않은 것보다 일찍 싹이 났으며 더욱 푸르고 줄기도 굵었습니다. 또 옥수수의 열매를 각각 10개씩 골라서 무게를 달아 본 결과, 음악을 들려준 쪽은 40그램인 반면, 음악을 들려주지 않은 쪽은 28그램밖에 되지 않았습니다. 지난날 프랑세라는 식물학자는 식물에게도 학대에 대한 심한 반응이라든가 호의에 대한 깊은 감사와 같은 생물 공통의 성질이 있다고 주장했습니다.

예를 들면, 식물은 개미가 꿀을 훔치러 오는 시기를 알고 있기 때문에, 줄기에 이슬이 맺혀 개미가 올라오지 못할

때에만 꽃을 피운다고 합니다.

프랑세는 식물의 능력을 이렇게 이야기했습니다.

"식물이 여러 가지 방법으로 외부 세계에 대해 이처럼 정확하게, 그리고 재빨리 반응하는 것으로 보아 틀림없이 외부와의 어떤 교신을 가지고 있을 것이다. 그것은 우리 인간의 감각과 같거나 아니면 그 이상일 것이다. 오감을 통해 느끼는, 인간으로서는 도저히 알아 낼 수 없는 여러 가지 현상을 식물은 끊임없이 관찰하여 기록하고 있다."

이러한 사실은 우리에게 식물조차도 무심하게 대하지 말 것을 가르치고 있습니다.

고대의 심령 과학

역사가 기록되기 이전의 고대에는 현대에 비해 영적인 능력을 가진 사람들이 매우 많았습니다.

또한 사후 세계에 대한 생각들도 오늘날의 현대인들과 매우 다르다는 것을, 고대의 유물과 유적을 통해 잘 알 수 있습니다.

고대 사람들은 영혼의 세계가 있다는 것과 신이 있다는 것을 믿었습니다.

특히 이집트 사람들은 두 가지의 영혼 세계가 있다고 굳게 믿었습니다.

살아서 활동하는 동안, 인간의 마음을 지배하는 영혼 세계와, 죽은 후의 영혼 세계가 있다는 것입니다. 그래서 사람이 죽으면 현재의 영혼은 사라지고, 죽은 육체와 또 하나의 영혼만 남는다는 생각을 했습니다.

그리고 그 영혼은 사람의 몸이 썩지 않으면 언젠가는 그 죽은 육체와 결합해서 다시 살아날 수 있다고 말합니다.

그래서 이집트 사람들은 왕이 죽게 되면, 시체에서 내장을 꺼낸 뒤 기름으로 닦아 밀봉하여, 시체가 썩지 않도록 약품 처리를 해서 미라로 만들어 보관했습니다.

이 왕의 미라는 여러 가지 장신구와 죽은 후의 세계에서 쓸 돈과 기도문, 주술 등과 함께 피라미드 속에 안치됩니다.

이러한 이집트 사람들의 생각은 근대심령 과학자들의 생각과 매우 비슷합니다.

동양에서도 사람이 죽으면, 그 사람이 살아 있을 때의 행동에 따라, 착한 일을 했으면 극락으로 가고, 나쁜 행동을

했으면 지옥으로 간다고 믿었습니다.

억울한 죽음을 당한 사람의 경우에는, 그 한을 풀기 위해 혼백이 무덤에서 나와 이승을 헤맨다고 생각했습니다.

우리 나라의 경우, 불교가 전해 들어오면서 자연히 '윤회설' 도 따라 들어왔습니다.

윤회설은, 사람이 착하게 살았을 때에는 죽은 후에 다시 사람으로 태어나지만, 나쁜 짓을 많이 했을 때에는 죽은 후에 동물이나 벌레로 태어나 고통을 받는다는 이론입니다.

우리 나라에 불교가 들어오기 전에는 죽은 조상의 혼이 자손들을 돌보아 준다고 믿고 제사를 지내는 구복 신앙이 유행하였습니다.

지금도 조상에게 제사를 지내고, 설이나 추석에 차례를 지내는 것은 모두 고대의 영혼관에서 비롯된 것이라고 볼 수 있습니다.

고대 사람들의 영혼에 대한 이러한 생각은 요즈음의 심령 과학과 매우 비슷합니다.

심령 과학은 인간의 마음에 있는 영혼의 능력이나 다른 사람의 영혼의 능력을 빌려서 나타나는 초능력 현상입니다.

국어 사전을 찾아보면 '영혼은 육체와는 별개의 것으로, 육체에 깃들어 여러 가지 활동을 지배하며 육체가 죽은 뒤에도 변하지 않는다고 생각되는 실체이다.' 라고 말하고 있습니다.

심령 과학에서는 영혼이 사는 세계를 영계라 하고, 영계의 혼과 접촉할 수 있는 능력이 있는 사람을 영매라고 부릅니다.

영매는 일종의 영능력자로서, 심령의 움직임을 민감하게 느끼는 능력의 사람입니다.

영매와 구분되는 것으로는 영능력자가 있습니다.

영능력자들은 평범한 사람들로서는 느낄 수 없는 초감각적인 인상을 끊임없이 받고 있는 사람입니다. 다른 사람의 마음속에 있는 생각을 읽어 내거나, 멀리 다른 곳에서 일어나고 있는 사건들을 환상 속에서 보기도 합니다. 또한 미래에 일어날 사건을 미리 알아내는 능력을 가지고 있기도 합니다.

그러나 영매가 다른 영혼과 이야기를 하거나 그 영혼을 물질화 시키며 물체를 움직이게 하는 데 비해, 영능력자는 자신의 육감적인 정신력에 의해 그러한 능력을 나타낸다고 할 수 있습니다.

영능력자들은 각기 다른 능력을 가지고 있습니다. 어떤 사람은 투시를, 어떤 사람은 다른 사람의 마음을 읽는 독심술을, 또 어떤 사람은 미래를 예언하기도 합니다.

이들이 이러한 능력을 나타내는 방법도 여러 가지입니다.

어느 영능력자는 예감에 의해, 어떤 영능력자는 꿈속에서, 또 어떤 사람은 깨어 있을 때, 혹은 카드나 수정구 등을 이용해서 그러한 능력을 나타냅니다.

이들 가운데에는 과거나 미래를 영화처럼 눈앞에 보는

영능력자도 있습니다.

어떤 사람은 멀리 있는 것의 맛을 보거나 냄새를 맡기도 합니다. 또한 병자나 사고를 당한 사람의 아픔을 느끼기도 하며, 자신의 몸에 느껴지는 고통에 의해 미래의 일을 알아내기도 합니다.

그렇다면 이들은 처음부터 영능력자로 태어나는 것일까요?

그렇지는 않습니다.

태어날 때부터 영능력자인 경우도 있지만, 교육에 의해 영능력자가 되는 경우도 많습니다.

영국의 영능력자인 아이린 가렛드는 런던의 심령대학 교수로 있던 H.마켄지 밑에서 5년 동안 영능력을 익혔다고 합니다.

그러나 영능력 교육을 받는다고 해서 모두가 다 영능력자가 되는 것은 아닙니다. 그것은, 우리가 아무리 열심히 그림을 그린다고 해서 모두 화가가 되는 것은 아닌 것과 같습니다.

영능력은 대개 한번 인정받게 되면 일생 동안 그 능력이 계속되지만, 어떤 경우에는 갑자기 그 능력이 없어져 버리는 경우도 있습니다. 특히 어린아이들은 어른에 비해 영적 감각이 뛰어나지만, 점차 성장해 가면서 그 능력을 잃게 되기도 합니다.

또한 영능력은 어느 정도는 유전되기도 합니다.

부모 중 한 분이 영능력을 가졌을 경우, 그 아이들은 부모의 능력과 똑같은 능력을 타고나기도 합니다.

잔느 가드너의 경우에는, 자신에게만 들리는 음성에 따라 영능력을 나타냈는데, 그녀의 어머니도 그 소리를 들을 수 있었다고 합니다.

위리와 루디 슈나이더, 다펜포드 형제, 폭크스 자매 등은 영능력의 형제 자매로 유명했는데, 이러한 현상은 세계 곳곳에서 나타나는 일입니다.

초능력은 어떻게 생길까요?

세계의 과학자들이나 대부분의 이성적인 사람들은 물체와 그에 따른 현상을 설명할 때 '물질'과 '에너지'로 이루어지고 있다고 말하고 있습니다. 그런데 이 '물질'과 '에너지'만으로는 그 모든 현상을 설명하기에는 어려움이 따르고 설명이 불가능한 경우가 많기 때문에 점차 과학자들 사이에도 그 생각에 변화가 생기게 되었습니다. 즉, 물질과 에너지 관계에 있어서 인간이 가지고 있고 '의식'의 작용이 무척 중요한 역할을 한다는 생각입니다.

특히 상식으로는 도저히 불가능한 '초상 현상'을 규명하는 데 있어서는 물질과 에너지의 이론만으로 더 이상의 이론을 발전시키기 어렵습니다.

세계의 여러 나라는 사상과 이념이 달라도 '의식'이라는 존재에 대해 인간이 태어나면서부터 지닌 초능력을 인정하고 있습니다. 그리고 그 초능력을 탄생시키는 인간의 잠재력을 밝히기에 많은 노력을 기울이고 있습니다.

따라서 최근에는 인간의 의식세계에 대한 다섯 가지의 가설이 성립되었는데, 인간의 잠재력은 이 다섯 가지 파워에 의해 일어난다고 보고 그 파워를 해명한다면 초능력을 발휘하고 강화할 수 있다고 생각하게 되었습니다. 그러나 이것은 어디까지나 가설에 불과합니다. 하지만 이 가설은 국제 회의에서 몇 차례 제안되었고 세계 각국 과학자들의 찬동을 얻은 바 있습니다.

그러면 이제 그 가설에 대해 알아보기로 합시다.

스페이스 파워(우주 에너지)

생명에 필요한 에너지인 '스페이스 파워'를 한마디로 말한다면 '우주 생명력'이라 할 수 있습니다. 이것은 태양광선, 우주 에너지 등을 말하는 것으로 인간을 비롯한 지구 위의 모든 생물은 우주의 대기를 받아들일 수 없다면 생명을 유지할 수 없기 때문입니다.

하루 종일 햇빛이 들지 않는 지하나 빌딩 안에서 일하는 사람은 "잠깐 바깥바람을 쐬고 오겠다"며 밖으로 나가는 경우가 있습니다. 이것은 우주의 생명력을 인간이 본능적

으로 원하는 것이라고 할 수 있습니다.

스페이스 파워의 중요성은 식물이 자라는 상태를 보면 이해가 빠릅니다. 예컨대 태양 광선 아래서 자란 야채나 과일은 싱싱하고 맛도 좋습니다. 그러나 온실에서 재배된 야채나 과일은 허약하고 맛도 떨어질 뿐만 아니라 영양가도 적습니다.

또한 이불이라든가 세탁물 등으로도 스페이스 파워의 중요성을 실감하는데 건조기를 사용하여 말린 빨랫감은 개운한 느낌이 없지만 태양 광선 아래서 말린 빨랫감은 뽀송뽀송한 게 느낌도 좋고 편안한 느낌을 줍니다.

그렇다면 스페이스 파워의 존재와 그 중요성을 언제부터 주목하게 되었을까요?

이것은 유리 겔러의 스푼 소동 이후부터라고 할 수 있습니다.

스푼을 구부리는 능력을 가진 소년을 지하의 스튜디오에 들어가게 하고, 양팔과 머리, 온 몸 등에 전선을 감은 상태에서 초능력을 실시하도록 했습니다. 그러나 시간이 흘러도 스푼은 조금도 구부러지지 않았습니다. 그러자 실험을 중단시키고 소년에게 휴식을 취하도록 하고 방 안 공기를 바꾸기 위해 두꺼운 철문을 여는 순간 소년의 스푼이 엿가락처럼 구부러졌습니다.

이 실험은 미국, 영국, 폴란드, 이탈리아에서도 실시하였지만 같은 결과가 나왔습니다. 이리하여 염력은 대기와 관계가 있다고 생각하게 되었습니다.

세계 최고의 염력자라고 불린 소련의 니넬 클라기나, 네덜란드의 크로와제트 등은 그들의 능력이 최고일 때는 방 안에서보다 태양 광선이 들어오고 공기의 흐름이 좋은 곳이었다고 합니다.

스페이스 파워는 특별한 형태 안에서는 더욱 놀라운 힘이 탄생되기도 합니다. 그 한 예가 '피라밋 파워' 입니다. 이것은 한 프랑스 사람에 의해 발견되었습니다. 그 프랑스 사람은 이집트의 피라밋 속에서 죽은 동물을 발견했는데 썩지 않고 미라가 된 것이었습니다. 그것을 본 프랑스 사람은 피라밋에 특별한 힘이 있을 거라고 생각하게 되어 피라밋과 같은 비율로 작은 피라밋 모형을 만들어서 고기나 과일 등을 넣어 두었습니다.

며칠 후에 열어 보니 그것들은 썩지 않고 말라서 미이라처럼 되어 있었습니다. 이 실험은 갖가지 실험의 계기가 되었는데 그 결과 피라밋의 모형에는 물질의 수분을 탈수하는 힘이 있다는 것을 밝힐 수 있었습니다.

네덜란드의 유트레이트 대학의 텐하프 교수는 피라밋은 우주 파워의 응축기라고 해서 거대한 콘댄서와 같은 것이라 정의하였습니다. 왜냐하면 피라밋은 우주의 대기(태양광선)를 완전히 차단해 버린 경우 거의 작용하지 않았기 때문입니다.

그렇다면 이렇게 좋은 스페이스 파워를 효과적으로 얻을 수는 없는 것일까요?

그렇지는 않습니다.

평소 우리가 살아가기 위해 무의식적으로 반복하고 있는 '호흡기' 에 그 비밀이 있습니다.

우선 아침에 일어나면 사람이 별로 없는 한적한 옥상이나 신선한 공기를 마실 수 있는 곳에서 마음껏 큰 숨을 쉽니다. 숨은 코로 깊이 들이마시고 입으로 내쉽니다. 공기를 마시면 배꼽 세치 아래 부분인 단전에 모두 담는다는 생각으로 호흡합니다.

이 호흡 법은 초능력 개발이 아니더라도 격한 운동이나 어려운 문제가 있을 때 실수나 걱정으로 가슴이 두근거릴 때에도 그 효과가 있습니다. 이 호흡 법을 반복하다 보면 마음이 안정되고 머리가 맑아집니다. 이 호흡은 인도의 요가 수련이나 태권도 그리고 온갖 무술에 있어서도 무척 중요한 역할을 합니다. 이것은 몸과 마음을 건강하게 하는 심신 수련법의 일종입니다. 이런 호흡 법은 옛부터 이용되어 왔는데 이 호흡의 수련으로 자신의 정신을 효과적으로 컨트롤 할 수 있기 때문입니다.

사람은 불안이나 공포를 느끼면 심장이 급히 뛰고 호흡도 고르지 않게 됩니다. 그러나 불안이 사라지면 호흡이 정상으로 돌아옵니다. 이런 경우 스페이스 파워를 충분히 지니고 있지 못하기 때문입니다. 단전 호흡 법은 의학이나 과학이 발달되지 않았던 옛날부터 있었습니다. 단전에는 태양 신경총이라고 하여 자율 신경이 집중되어 단전 호흡을 하면 내장 전체의 운동이 활발해지고 간장의 기능이 회복되며 복부 전체의 혈액 순환이 좋아집니다.

마인드 파워 (초의식력)

우리 나라 속담에 '병은 마음에서 생긴다' 는 말이 있습니다. 마음을 어떻게 갖느냐에 따라서 기분이 좋아지기도 하고 우울해지기도 한다는 뜻입니다. 이 '마음' 이야말로 마인드 파워의 중심인 의식 세계라 할 수 있습니다. 승부의 세계에서는 '먼저 상대방의 눈을 이겨라' 는 말이 있습니다. 이것은 마인드 파워를 높이고 기력을 충실하게 하지 않으면 자신감이 없어지므로 승부에 이길 수 없다는 뜻입니다.

사람이 어떤 일을 이루려 할 때 '붉게 타오르는 정열'이라든가 '불덩이 같은 기세' 등으로 표현을 하곤 합니다. 마인드 파워가 강해지는 상태를 옛 사람들은 이미 알고 있었던 것 같습니다. 이 마인드 파워는 평소의 생활이나 어떤 일을 효율적으로 정확하게 하는 데도 영향을 미칩니다.

미국의 초심리학 자이며 듀크 대학 교수인 라인박사는 마인드 파워의 중요성을 강조하며 다음과 같이 말했습니다.

"주사위의 눈을 마음대로 나오게 하는 염력 트레이닝에서도 그 사람의 마인드 파워가 강하지 않으면 트레이닝 효과가 별로 없다."

네덜란드의 투시 능력자 크로와제트도 이렇게 말했습니다.

"정신이 불덩어리처럼 타오를 때 나의 투시력은 완벽하게 작용한다."

사실 크로와제트가 머리카락까지 곤두세우며 투시를 했을 때 완벽한 적중률을 올린 것을 목격한 사람이 많다고 합니다.

초능력자라 불리는 사람들 뿐 아니라 어떤 일에 열중하여 세계에 이름을 날리는 사람들을 보면 마인드 파워가 보통 사람보다 매우 뛰어나다고 합니다.

중국의 옛 말에는 돌도 뚫는 화살이란 말이 있습니다. 어떤 일에 집중하면 놀랄 만큼 무서운 힘을 낼 수 있다는 이야기입니다.

예를 들면 불이 났을 때 자신도 모르게 무거운 금고를 태연히 들어올릴 수 있는 그런 힘을 말합니다. 자동차에 치인 자신의 아이를 구해내기 위해 자동차를 번쩍 들어올린 어머니의 이야기도 있습니다. 그러나 일단 평소와 같은 상태로 돌아가면 그런 놀라운 힘은 발휘되지 못합니다.

그러한 엄청난 힘은 어떻게 생기는 것일까요? 그러면 어째서 평소에는 그러한 능력이 생기지 않는 것일까요? 그 비밀은 바로 '마인드 파워'에 있습니다. 즉 정신의 집중이 그 힘의 열쇠이며 '마인드파워=기'를 높이면 엄청난 잠재능력이 발휘되는 것입니다.

마인드 파워는 바로 '기력'이며 의식을 집중시키는 힘을 말합니다. 마인드 파워는 또한 '마인드 컨트롤'이라는 이름으로도 널리 알려져 있습니다. 이것은 항상 자신감을 가지면서 스스로에게 할 수 있다는 생각을 주입시키는 방법입니다. 인간의 생활은 정신과 육체가 똑같이 긍정적인 생각과 활동을 할 때만이 더 좋은 결과를 가져온다고 합니다. 그래서 스스로에게 '나는 왜 이 정도밖에 안될까?', '나는 머리가 너무 나빠', '내 능력으로는 도저히 불가능해'라고 부정적인 말을 하다 보면 평소에 할 수 있는, 누구나 할 수 있는 일조차도 못하게 되는 것입니다. 물론 인간의 능력에는 한계가 있습니다. 그리고 잘하는 사람이 있는가 하면 왜 그런지 아무리 노력해도 전혀 발전이 없는 경우도 있습니다. 하지만 원래 전혀 능력이 없는 경우가 아닌 이상 능력은 약간의 차이일 뿐이므로 그 사람의 노력 여하에 따라 달라질 수 있습니다.

아무리 못하는 것이라도 자꾸 해야겠다는 생각과 할 수 있다고 생각하다 보면 끝내는 할 수 있게 된다는 것이지요. 인간의 정신력은 아직까지 불가능했던 것이 거의 없습니다. 열심히 노력하고 긍정적인 방향으로 생각한다면 마침내 자기 자신을 조절할 수 있게 되는 것입니다. '마인드 파워' 이것은 누구나가 가질 수 있는 인간 공통의 능력입니다.

바이오 파워(생체 에너지)

우리의 생활 리듬은 항상 변화합니다. '오늘은 몸이 마음대로 움직여지지 않는다' 고 생각되는 날이 있습니다. 그것은 건강 상태가 별로 좋지 않기 때문입니다. 건강 상태는 생체 에너지, 즉 바이오 파워의 강함과 약함에서 비롯됩니다. 인간을 비롯한 모든 생명체는 바이오 파워에 덮여 있습니다.

우리는 흔히 '저 사람은 생명력에 넘쳐 있다' 라든가 '그 사람은 기력이 없어 보인다' 는 말을 곧잘 합니다. 이것은 바이오 파워가 사람의 상태에 영향을 주는 증명이기도 합니다. 인간에게는 병이 들었을 때라든가 부상을 당했을 때 작용하는 '자연 치유력' 이 있습니다. 사람은 누구나 태어날 때부터 천부적으로 질병을 치유할 수 있는 능력을 가지고 태어납니다. 그러나 그런 '자연 치유력' 이 있다는 것은 의식하지 못하기 때문에 감기 몸살에만 걸려도 곧잘 병원으로, 약국으로 뛰어가는 것입니다.

예를 들어 손을 칼에 베어 상처가 생겼을 때 별게 아닐 경우 집에서 약을 바르는 것에 족하지만 상처가 깊을 경우 지혈과 약을 바르고 꿰매야 할 것입니다.

이럴 경우 우리는 의사의 처방이나 약이 병을 낫게 해 준다고 믿습니다. 하지만 약이나 주사는 보조적인 역할만을 할뿐이고 근본적인 치료는 우리 몸 자체에서 이루어진다고 합니다. 아무리 의사의 수술솜씨나 의학이 발달했다고 해도 죽은 사람을 대상으로 해서는 상처가 아물지 않습니다. 오직 살아있는 생명체에서만 바이오 파워로 인해 자연적인 치료가 된다는 것입니다.

또 다른 예를 들어보면 교통 사고나 절단기로 인해 손가락이나 다리가 잘라져 나갈 경우 우선 일차적으로 소독을 하고 약을 바릅니다. 그 이후는 어떻게 해야 할까요? 잘라져 나간 부분은 처음엔 뼈가 드러나 보이지만 시간이 지날수록 주위의 피부로부터 새 살이 돋아 나와 뼈를 덮어 줍니다. 의학으로는 도저히 새 살이 돋아 나오게 할 수 없습니다. 이런 경우는 역시 자연적인 치유력의 한 종류라고 할 수 있습니다.

세계에서 가장 오래된 의학 책으로 알려져 있는 고대 중국의 '황제내경'에는 침술에 대해 자세히 말하고 있습니다. 이것은 당시에 바이오 파워의 존재가 알려져 있었음을 말해 줍니다. 침의 목적은 인간의 몸 안을 순환하는 바이오 파워의 흐름이 정체되지 않도록 하는 것이기 때문입니다. 이 흐름이 중단되어 버리면 자연 치유력도 약해지고 생명력도 약해집니다. 그러나 바이오 파워의 정체는 밝혀지지 않고 있습니다. 다만 인간의 몸에 정전기가 흐르는 것이 바로 바이오 파워가 아닌가 하지만 이것은 어디까지나 추측일 뿐입니다.

미국과 독일에서는 바이오 파워를 육안으로 보고 그 존재를 확인하는 기계가 개발되었습니다. 이 기계는 바이오 파워의 강약을 '색깔'로 나타냅니다. 이 기계에 의해 바이오 파워는 우리의 몸 안에 늘 넘쳐 있으며, 몸으로부터 발산되고 있는 파워를 조사함으로써 그 바이오 파워의 존재와 힘의 강약을 더 자세히 알게 되었습니다.

바이오 파워는 이 실험에 의하면 다섯 가지 색깔로 나타납니다.

피부와 가장 가까운 부분은 붉은 색으로 나타나고 다음은 오렌지색, 크림색, 엷은 녹색, 엷은 푸른색의 순서로 바뀌게 됩니다. 따라서 건강한 사람의 몸은 아름답고 엷은 푸른색의 바이오 파워에 둘러싸여 있다고 할 수 있습니다. 더욱이 그 파워는 열기를 가지고 있으며 손을 가까이하면 간지러울 정도의 따뜻함이 느껴집니다. 그러나 병약한 사람의 바이오파워는 파워 전체가 그을린 것 같은 색이며 군데군데가 희미하게 나타납니다.

이 바이오 파워는 아름다운 보석이 빛나듯 몸 주위로 방사되고 있습니다. 이것은 의식의 힘(마인드파워)이 강해지

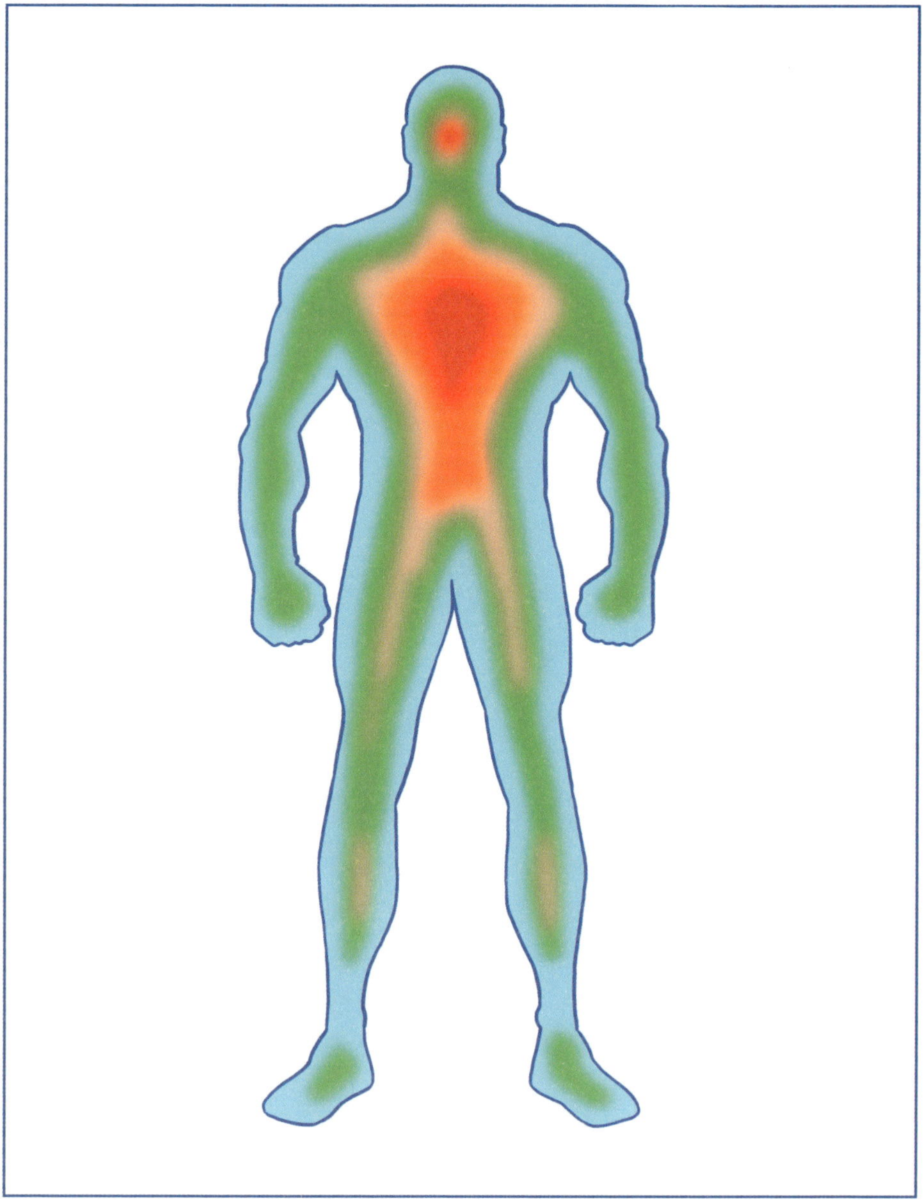

면 빛은 더욱 강해집니다. 이 때 손이나 발에 의식을 집중시킨 부분의 바이오는 다른 곳에 비해 훨씬 강합니다.

이러한 바이오 파워는 혈액 순환과 마찬가지로 끊이지 않고 원활하게 흘러야 하는데 환자의 파워는 군데군데 중단되기 일쑤이고 그 흐름도 매우 약하게 나타납니다. 바이오 파워는 농작물의 성장에도 크게 영향을 미친다는 사실이 최근에 밝혀졌습니다.

루마니아의 농업 대학 교수인 쿠스모는 손으로 바이오 파워를 준 씨앗은 그 성장률이 다른 것보다 2배나 더 높다는 것을 실증했습니다. 일본에서도 이러한 성과에 고무되어 본격적으로 실험에 임하려는 노력이 나타나고 있습니다. 일본 남부의 어느 농업 시험장에서는 쿠스모 교수와 같은 방법으로 완두콩을 발아시키는 실험을 했습니다. 그 결과 바이오 파워를 준 씨앗과 비료를 사용한 씨앗은 그 싹이 돋는데에 4일 동안이나 차이가 있었습니다. 게다가 열매도 훨씬 컸으며 맛도 훨씬 더 좋았습니다. 그러므로 바이오 파워의 효과를 알고 강화시켜 사용한다면 그것은 앞으로 우리들에게 큰 능력이 되어 줄 것입니다.

사이킥 파워 (심령력)

"인간의 몸은 유체와 육체가 융합되어 이루어진 것이다. 그리고 그 어떤 원인으로 유체의 상태가 나빠지면 육체가 그 영향을 받아 질병이 생긴다."

이것은 세계의 많은 심령 과학자들의 기본적인 생각입니다. 독일의 라이프치히 대학에서는 현재 그 생각을 실증하고자 연구가 진행되고 있다고 합니다.

'사이킥 파워'란 이 때의 유체를 말합니다. 이 유체는 영기(영혼의 기)라고도 합니다. 세상에는 현대의학으로도 해명할 수 없는 난치병, 기이한 병이 끊임없이 발생되고 있습니다. 이들의 주장에 의하면 그런 병의 원인은 사이킥 파워의 악화나 저하에 있다고 볼 수 있습니다. 반대로 영능자라 불리는 사람들은 강력한 사이킥 파워를 구사하여 갖가지 심령현상을 일으키기도 하고 심령 장애를 제거하기도 합니다.

사이킥 파워는 사람에 따라 놀랄 만큼 뛰어난 능력을 보이기도 하지만 평범한 사람도 그 능력을 조금씩 가지고 있고 느낄 수도 있습니다.

예를 들면 '오늘은 무척 재수가 없어' 혹은 '운이 나빠' 하고 중얼거리는 때가 있습니다. 바로 이 때 사이킥 파워를 무의식적으로 느끼는 것입니다.

이런 경우 우리의 사이킥 파워는 분명히 저하되어 있습니다. 스스로는 육체적으로 건강하다고 느끼지만 사실상은 그렇지 않기 때문입니다. 사이킥 파워는 우리말로 하면 선견지명이라고 할 수 있습니다. 요즘의 신문이나 주간지에는 운세란이라는 것이 대부분 실려 있습니다. 그런 것을 보게 되면 사람들은 호기심으로라도 자신의 운세를 읽고

그 다음 주위 사람의 운세를 읽어 주기도 합니다. 이러한 것은 미래에 대해 미리 알고 싶어하는 인간의 기본 심리라고 할 수 있습니다.

미래를 알고 싶어하는 것은 현대에 이르러 더 열렬해졌

는데 그것은 경쟁 시대에서 남에게 뒤떨어지지 않으려는 노력 때문이라고 할 수 있습니다.

또한 많은 사람들은 시험 전날이 되면 급한 마음에 이 책 저 책을 정신없이 뒤적이지만 머릿속에는 들어오지 않고 불안해져서 발만 동동 구르다가 '내일 출제될 문제를 하나라도 알면 얼마나 좋을까' 하고 공상에 빠지는 일이 있습니다. 하지만 누가 알려주지 않는 이상 시험 문제는 알 수 없습니다. 어떤 예지의 능력이 있기 전에는 말이지요.

하지만 공부도 별로 하지 못해서 시험 보기가 두려웠는데 웬일인지 잠깐동안 공부한 내용이 시험에 나와서 예상하지 못한 성적이 나올 경우가 있습니다. 또 앞차를 타야지 학교에 지각하지 않는데 웬일인지 타고 싶지 않아서 안 탔는데 저만큼 가다가 타이어가 펑크나거나 교통사고를 낸 경우가 있습니다. 이런 것이 바로 선견지명 혹은 예지라는 것입니다.

이런 능력이 뛰어난 사람은 다른 사람보다 먼저 좋은 기회와 결과를 얻을 수 있습니다. 미국의 진덕슨은 전 세계적으로 유명한 예지 능력가였습니다. 그녀는 루즈벨트 대통령의 사망을 예언했고 중국의 공산화, 인도의 독립, 간디 암살 등 세계의 커다란 사건을 미리 예지 했습니다.

많은 사람들이 진 딕슨의 경우처럼 되고 싶어하지만 그런 정도의 예지 능력은 쉽지가 않습니다. 진 딕슨은 아주 특별한 경우이고 그 보다는 훨씬 못하기는 하지만 우리도 약간의 예지 능력을 발휘할 수 있습니다.

그렇다면 이런 예지 능력은 어떻게 해야 얻어질 수 있을까요?

그것은 자기가 좋아하거나 관심이 있는 분야를 열심히 생각하고 정보를 수집하는 것입니다. 많은 정보와 자료를 수집하다 보면 나름대로 가설을 세울 수가 있습니다.

진 딕슨의 경우도 예언이 항상 맞았던 것이 아니므로 자기 생각이 틀렸다해서 실망할 필요는 없습니다. 예언의 최고 권위자도 틀리는데 그런 것 좀 틀리는 건 별 것도 아니겠지요.

자꾸 끈기 있게 노력하다 보면 모든 일이든 잘 풀리게 되어 있습니다. 시험의 경우도 다를 것이 없습니다. 열심히 책을 읽고 공부를 하다 보면 중요한 문제가 눈에 들어오게 됩니다. 그리고 그것이 시험에도 나오는 것입니다. 예지는 특별한 미래를 보는 것이 아니라 우리의 생활 속에서 작고 사사로이 일어날 수 있는 모든 것이 바로 예지인 것이지요.

하모니 파워 (정신 감응력)

사람은 혼자서는 살지 못합니다. 사람과 사람과의 연결과 교류가 있음으로 해서 비로소 사회 생활이 가능한 것입니다.

주위를 둘러보면 혼자서 덩그러니 살 수 없다는 것을 알게 됩니다. 부모, 자식, 형제, 친척, 친구 등 모두 인간 관계로 맺어져 있습니다. 그러나 이런 관계로 맺어져 있으면서도 좋은 마음으로 지내지 못하고 서로 아옹다옹하며 의견이 잘 맞지 않아 불만을 갖게 되는 경우가 있습니다. 좋은 마음으로 즐겁게 지내려고 마음먹지만 잘 되지 않습니다. 이런 일은 '하모니 파워' 가 저하되어 있기 때문입니

다.

우리는 평소에 '이심전심' 이라는 말을 많이 사용합니다. 이런 경우는 서로에 대해 좋은 감정일 때만 가능합니다. 서로 미워하는 사람끼리 마음이 통할 리 없고 맞을 리도 없기 때문입니다.

하모니 파워는 앞에서 말한 스페이스 파워, 마인드 파워, 바이오 파워, 사이킥 파워가 모두 알맞게 있는 동안에 하모니를 이룰 수 있는 것입니다.

노래를 부를 때도 박자와 음정을 맞추고 또 그 노래의 분위기를 잘 맞추어야 만이 좋은 노래가 되는 것처럼 어느 한 쪽이라도 제대로 그 역할을 수행하지 못한다면 그 하모니는 깨지고 말 것입니다. 하모니 파워가 제대로 이루어졌을 때는 아주 좋은 아이디어를 내기도 하고 창조력을 낳기도 합니다.

창조력은 우리 인간 생활에서 절대적으로 필요한 것으로 과학 발전에 계속 영향을 미쳤고 우리의 생활을 향상시키기도 하였습니다. 창조력이 뛰어난 사람은 어느 곳에서나 인정을 받고 많은 사람들의 기대 속에 일하게 됩니다.

그렇다면 이런 창조력은 어떻게 해야 풍부해질까요?

이것은 일단 몸이 건강해야 하고 마음이 건전해야 하는 이른바 심신이 함께 생동감에 넘쳐야 합니다. 즉 앞에서 말한 네 가지 파워가 충분히 있은 다음에 그에 따른 잠재능력을 끌어내는 것이지요.

우선 자기 자신에게 된다는 마인드 파워 의식을 충분히 준 뒤 주위의 화초나 나무에게 기쁜 마음으로 바이오 파워를 주면서 잘 성장하도록 해 줍니다. 그리고 자꾸 만나는 사람들이 말하는 내용을 열심히 들으며 무슨 말을 할 것인지 미리 예지해 봅니다.

이런 식으로 반복하다 보면 남이 기뻐할 일이 무엇인가를 찾게 되고 그럼으로써 상대방의 생각을 알아차리게 되어 새로운 창조력도 생기게 됩니다. 세상일은 혼자만 좋고 기뻐하려고 해서는 아무 것도 좋은 결과를 얻을 수 없습니다. 상대방을 먼저 생각하고 자신이 해야 할 일을 열심히 해나간다면 우리의 하모니 파워는 더욱 높아져 가고 아울러 정신상태도 높아지는 것입니다.

초능력자의 특징

초능력에 대한 의학적 분석

초능력의 특별하고도 기이한 현상은 보통 사람으로는 엄두도 내지 못하고, 그저 텔레비전에서나 나오는 이야기로 생각하는 것이 보통이며, 그 생각은 당연하다고 할 수 있습니다.

초능력 현상은 수학적으로 '1+2=3이다' 라고 정확히 설명하기도 어렵고, 평생을 땀을 흘리며 노력해도 이루어지기 어려운 게 사실입니다.

많은 사람들은 아직도 초능력이 눈속임이나 집단 환각 현상이라고 생각하기도 합니다. 보통 사람의 상식으로는 이해하기가 어렵고 상식적으로도 받아들이는 데에 어려움이 많으므로 그렇게 생각하는 것도 무리는 아닙니다. 그렇지만 과학자들을 비롯한 많은 사람들이 참석한 가운데서 실험을 실행한 결과, 초능력은 말 그대로 초능력이지 마술이나 눈속임이 아니었다는 것이 이미 판명되었습니다.

그렇다면 노력과 자연과학으로는 실현이 불가능한 이 초능력은 어떻게 생기는 것일까요?

초능력을 갖고 있는 대부분의 초능력 자들은 자신의 초능력이 우주 만물 사이에 충만해 있는 에너지를 빌리는 데에 불과하다고 말하고 있습니다.

이들의 얘기와 현대과학을 함께 적용해 보면, 물질이란 에너지가 하나의 형태를 이룬 것이고 이 물질은 특수한, 어떤 빌리는 힘에 의해 작용하면 비물질화가 이루어지면서 이윽고 물질에 그 영향을 미치게 된 것입니다.

에너지와 물질과의 관계는 '아인슈타인'의 E=mC2에 의해 이미 설명되어 원자탄이라든가 원자력발전이 가능해졌으므로 물질이 에너지로 바뀌는 것은 우리도 이해할 수 있습니다. 그러나 존재가 확인되었기는 하지만 눈에 보이지 않는 그 신비한 에너지가 눈에 보이는 물질을 변화시킨다는 것은 아직 과학적으로 해명하기가 어렵습니다.

자연과학의 이론으로는 더 이상의 설명이 어렵기 때문입니다.

그렇다면 과학의 일종인 의학에서는 그것을 어떻게 설명하고 있을까요?

많은 의학자들과 과학자들이 협력하여 초능력을 발휘하는 사람들을 실험해 보았습니다. 그러자 대부분의 초능력자들의 뇌파는 보통 사람의 뇌파와 다르다는 연구 결과가 나왔습니다.

의학자들은 이 연구 결과에 의해 초능력자들이 뇌신경의 장애에 의해 외계의 어떤 힘을 끌어들이게 되고, 그로 인해 초능력이 발생하는 것이 아닌가 하고 추측했습니다.

더욱 연구한 결과 뇌신경에 장애가 생기게 되면 점차 뇌신경의 기능이 상실되고 정신적인 퇴화현상이 나타나는 것을 알 수 있었습니다. 그리고 이 퇴화 현상을 일으킨 사람들 가운데에 초능력을 나타내는 경우가 많았습니다.

그 예를 들어보면 다음과 같습니다.

아홉 살 난 아이로서 글자를 읽지 못하는 정신 박약아가 있었습니다.

그런데 그 아이는 어머니가 다른 방에서 책을 소리 없이 읽으면 그 책을 따라 읽는 것이었습니다. 혹 같은 방에 있었다면 몰라도 다른 방에 있었기 때문에 입술의 움직임을 보고 흉내냈다고는 할 수 없었습니다. 연구자들은 어머니의 강력한 욕구가 텔레파시에 의해 아이의 무능력을 보상한 것이라고 결론을 내렸습니다.

이들의 연구결과에 의하면 모든 초능력자가 뇌에 이상을 나타내는 것은 아니지만 뇌에 이상을 나타내는 사람 가운데에 초능력자가 많은 것은 분명하다고 합니다.

미국의 경우 뇌신경 장애자 25명, 정신 박약자 25명을 골라 초능력을 실험한 연구가 있었습니다(실즈 1976년). 그 결과 그들 가운데 텔레파시의 능력을 분명히 찾아볼 수 있었다고 합니다.

그렇다면 정신 신경 장애 가운데 어느 종류의 장애가 초능력과 관련이 있는 걸까요?

어떤 연구자는 말을 못하고, 글을 읽지 못하고, 글을 쓸 줄 모르는 신경증적인 장애(자기 자신이 장애가 있음을 알고 걱정하는 상태)와 비교하고, 또 다른 연구자는 정신 분열증 같은 정신병(자신이 병이 들었는지조차도 전혀 의식하지 못하는 상태)과의 유사성을 지적했습니다.

신경증적인 장애를 일으킨 환자들은 대개의 경우 텔레파시에 의해 먼 곳에서 전해지는 그림을 재생시키는 데에 초능력과 유사한 점이 있었다고 합니다.

일반적으로 왼쪽 뇌는 논리적이고 언어적인 생각을 하며, 오른쪽 뇌는 직관적이며 감정적인 것과 관계가 있다고 합니다.

뇌신경 장애가 가운데서도 신경증이 아닌 정신병증상을 가진 사람들은 다른 사람이 자신에게 어떤 피해를 준다든가 자신의 이야기를 하고 있다고 생각합니다. 그리고 이들은 자신이 그런 다른 사람의 생각들을 텔레파시로 알 수 있다고 말합니다. 하지만 그것은 근본적으로 텔레파시와는 관계가 없고 말 그대로 망사에 빠져있을 뿐입니다.

정신분열증이 발병하면 외계에 대해 거의 적응하지 못하게 되고, 자신의 생각을 이리저리 말도 안되게 짜 맞히는 게 고작일 뿐입니다.

뇌신경의 장애로 초능력을 나타낸 대표적인 사람이 있습

니다.

피터 풀코스라는 이름의 그는 네덜란드 사람으로 페인트를 칠하다 높은 사다리에서 떨어진 뒤 초능력이 나타났다고 합니다.

피터는 사다리에서 떨어졌을 때 두개골이 파열된 증상으로 3일 동안이나 의식을 잃고 누워 있다가 겨우 정신을 차렸습니다. 그리고 상처가 회복되면서 다른 사람의 생각을 알아채거나 사물을 꿰뚫어 보고 예언의 능력도 나타났습니다.

피터 풀코스가 발휘한 초능력은 주로 경찰을 도와 범인을 잡는 일들로 세계 여러 나라 경찰들과 협력하여 일했다고 합니다.

그러나 피터의 이 초능력도 나이가 들어 늙어감에 따라 점점 사라져서 이제는 평범한 노인으로 생활하고 있다고 합니다.

심령학에서는 초능력을 어떻게 설명하는지 알아봅시다.

물리학의 제1법칙인 에너지 불멸법칙에 의하면 에너지는 어느 날 갑자기 발생하는 것도 갑자기 사라지는 것도 아니라고 합니다.

따라서 인간도 죽으면 그 육체는 사라져도 생명에너지는 소멸되지 않고 영혼의 상태로 존재한다고 믿습니다. 이 영혼은 형태를 바꾸어 어딘가에 존속한다는 것이 심령학에서의 기본 원리입니다.

그 어딘가에 존재하는 힘 그것은 그 이름이야 어떻게 부르든 간에 생명 에너지는 존재한다는 것이지요.

즉, 인간의 삶과 죽음은 모두 이 커다란 에너지의 흐름 속에서의 형태 변화라는 것입니다.

그렇다면 이 우주 에너지의 일부인 인간은 왜 똑 같은 능력을 가지고 있지 않고 누구는 초능력을 갖고 있고, 누구는 평범한 인간으로 한평생을 마치는 것일까요 ?

그것은 이렇게 설명할 수가 있습니다. 옥상에서 내려다보면 도시에는 수많은 안테나가 즐비하게 늘어져 있습니다.

라디오 방송을 잡는 안테나, 텔레비전을 볼 수 있는 안테나, 더 나아가서는 이웃 일본의 텔레비전까지도 볼 수 있는 파라볼라 안테나 등등, 모두 그 기능과 능력이 다릅니다.

만약 라디오나 보통의 텔레비전 화면을 잡아주는 안테나가 없이 외국방송을 보여주는 파라볼라 안테나만 있다면, 라디오가 주는 속삭이는 정감이나 우리 나라 국악을 들려주는 텔레비전도 있을 수가 없을 것입니다.

인간도 마찬가지입니다.

넓은 이 지구 위에 많은 사람이 있지만 그 속에는 체질적으로 우주 에너지를 받아들이기에 좋은 체질을 가진 사람이 있고, 그렇지 않은 사람들도 있다는 그 차이입니다.

가령 어떤 사람은 100미터 달리기를 9초에 뛰기도 하고,

어떤 사람은 수학 계산을 컴퓨터보다 빨리 하는 경우도 있습니다.

모두 체질과 그 좋아하는 것이 다른 것이고 관심도 다르기 때문인 것입니다.

초능력도 이와 마찬가지입니다.

모든 사람이 노래를 잘 부르는 것이 아니듯 초능력도 모든 사람이 약간씩 능력이 있지만, 그 중에 조금 더 능력을 가진 사람과 갖지 않은 사람이 있는 것입니다. 그리고 이렇듯 다양한 능력의 사람들이 함께 모여 살기 때문에 모자라는 부분을 서로 도와 살기 좋은 세상을 만들어 가는 것입니다. 세상에는 초능력을 사용하지 않으면서도 그 이름을 널리 떨친 사람이 더 많습니다.

수많은 발명을 한 에디슨, 아프리카 대륙을 탐험한 리빙스턴, 독립을 위해 평생을 싸웠던 간디, 유관순, 곤충연구로 평생을 바친 파브르 등, 세상에는 이루 헤아릴 수 없는 훌륭한 사람들이 많습니다.

이들은 미래를 보는 예지능력이나 투시능력도, 숟가락을 구부리는 능력도 없었지만 반복되는 연구와 노력과 끈기로 그들의 이름을 역사에 남길 수 있었던 것입니다.

우리도 초능력을 가지려는 노력이 아닌 자신에게 어울리고 할 수 있는 일을 찾아서 열심히 노력한다면 자신이 하고자 하는 일을 꼭 이룰 수 있을 것입니다.

도전 리틀과학자

초능력과 미스테리 심령과학

2016. 11. 3　인쇄
2016. 11. 5　발행

글　대한과학진흥회
그림　위스뉴스키 피에르
펴낸이　신 주 황
펴낸곳　스완미디어
등록　제2-4534호
주소　서울시 중구 중림동 128-15 구본빌딩
홈페이지　www.dollplaybooks.com
대표전화　02) 393-0026
팩스　02) 312-8349
ISBN　978-89-92565-86-8
ISBN　978-89-92565-70-7 (SET)

값 9,800원